国宝100

马未都

第二卷

长江出版传媒 | 长江文艺出版社

北京长江新世纪文化传媒有限公司
www.cjxinshiji.com
出品

目录

028

元·青花四爱图梅瓶

武汉博物馆藏

1987年的秋天，一个平常的日子里，一对夫妻拎着一个包袱来到了武汉市的文物商店，进门就问："您这儿收不收东西啊？"文物商店的老师傅看了东西后，初步判断这是件明代的青花梅瓶，觉得东西还不错，就问："您想卖个什么价啊？"这对夫妻说："想卖800块。"估计在家里早就商量好了。文物商店的师傅们看上这东西了，商量以后就说："国家收购，600元，国家不坑人。"这对夫妻觉得600块少了点儿，买卖没谈成，转身就走了。

过去的文物商店主要的工作是收不是卖。"少出多汇，细水长流"是他们长期的政策。"少出多汇"的"汇"是指外汇，当年这东西就是少量地卖，多创造外汇，不卖中国人；这点东西慢慢卖着，叫"细水长流"。所以收购东西就得特便宜，卖的时候，公平的，加俩"0"，不公平的就多加几个"0"。

文物商店有一凭证，叫"收购发票"。发票一般都是卖东西的人给买东西的人开，但文物商店是我买你的东西，我给你开发票，这发票我能下账。岁数大的人都知道，你想把文物卖了，在那个年月里，只有这么一个途径。比如我年轻的时候，北京就三个收购点：东单有一个，琉璃厂有一个，鼓楼有一个。其他的省市一个地方就一家。这回说的武汉文物商店，全武汉就这一家，你想卖文物，只能卖给它。

以前文物商店的老师傅们业务能力都强，因为他动钱，必须识货。这对夫妻离开后，文物商店的师傅们就念叨这青花瓶，有点儿后悔，说昨儿真应该就把它买了，弄不好今儿这东西就丢了，备不住就卖给谁了。谁知第二天这对夫妻又回来了，进门就说："我们真是急着用钱，600 就 600 吧，国家也不会坑咱。"所以，最终这个瓶子就以 600 元卖给了文物商店。

这事儿过去不久，赶上专家到武汉文物商店交流。那时候的专家们经常成团队地、挨家挨户地逛文物商店，因为文物商店经常收东西。专家们一眼就看上这瓶子了，说这瓶子可不是明代的，是元代的（图 1）！这一

图 1 元代 青花四爱图梅瓶 武汉博物馆藏

下就不一样了。虽然当时闹不清楚它值多少钱，但知道这瓶子肯定值钱。直到2005年，一件元青花鬼谷子下山的罐子，卖了人民币2.3亿，这才让我们对这件梅瓶有一个基础的价格判断。

2009年，武汉市文物商店并入武汉博物馆，原来商店的藏品就归博物馆了，这件梅瓶也就顺理成章地成为武汉博物馆的镇馆之宝，在陶瓷馆内常年展出。

元青花之前说过，梅瓶也大概知道长啥样子，但这瓶上的图案为什么叫“四爱图”呢？是因为这上头开光部分画了四幅画，主题都跟“爱”有关（图2）。有王羲之爱兰花——他为什么爱兰花呢？《兰亭集序》啊；陶

图2 元代 青花四爱图梅瓶局部

渊明爱菊——“采菊东篱下”；周敦颐爱莲——《爱莲说》，中学课本教过；林和靖呢，爱梅爱鹤——“梅妻鹤子”。

这四爱图有点儿意思。之前出现的元青花的人物图案中，都是完整的故事，比如我们知道的细柳营、西厢记、三顾茅庐（图3）、昭君出塞（图4）、鬼谷子下山（图5）、萧何月下追韩信（图6）等等，都是比较完整的故事，但“四爱图”上这四位，谁跟谁都不搭界，有晋代人，有宋代人。这就有疑问了，这东西到底是不是元代的？

已知所有元青花出现故事的，都是很完备的故事，比如上面说的萧何月下追韩信、鬼谷子下山，画的都是通景。什么是通景？简单地说，把中国画手卷打开，就是一通景，也就是一张画从头画到尾。但瓷器是圆的，画起来必须首尾衔接，所以它肯定得有个起点，有个终点。这件梅瓶不同，它是四面开光的。开光就是在画片上开一个类似窗户的空间，这四爱图就分别画在这四个窗户内，行话叫“开光”，也叫“开窗”。

说它不是元代的，有一定道理，它跟元青花有些细微的不同。比如，元青花都是梯形口，它是束口。去看看元青花，大部分梅瓶的口部都跟这件不同，这件就像在瓶口系了根丝带，两边一收紧，是这么个状态。

再有就是开光的表现，它不是通景，不是讲一个完整的故事，而是四个开光，表现四个桥段。

第三，标准的元青花，底下全是八大码。就是瓶子底下类似莲瓣的纹饰，它是独立存在的。为什么这东西叫八大码？到现在，专家学者也没破译清楚，有人说这是从蒙古语来的。八大码都是独立存在，但这件有粘连，就是花瓣和花瓣之间粘在一起了。

有人说，这梅瓶不够元朝，是新仿的。正在争论不休的时候，无独有偶，这东西又出了一件！2006年，一件非常相似的梅瓶突然在湖北的郢靖王墓出土了（图7）。

图 3 元代 青花三顾茅庐图带盖梅瓶
美国波士顿美术博物馆藏

图 4 元代 青花昭君出塞图盖罐
日本出光美术馆藏

图 5 元代 青花鬼谷子下山图罐

图 6 元代 青花萧何月下追韩信图梅瓶
南京市博物馆藏

之前讲过梁庄王墓，这个是郢靖王墓。梁庄王的爱情故事凄美，郢靖王的爱情故事更凄美，明初的人搞对象都比较使劲儿，动真情。

和梁庄王墓一样，这次还是在湖北钟祥，先后有6个帝王在这里封王，所以这里被誉为“帝王之乡”。朱元璋一共有26个儿子，郢靖王是朱元璋的第23个儿子。郢靖王墓是朱栋和他的王妃郭氏的合葬墓。

据文献记载，墓建筑原来有红围墙127丈，相当于430米，这在明朝是帝王等级的墓葬。在这之前，明朝同样等级的墓葬都多次被盗，郢靖王墓也不例外，从1998年开始，前后被盗九次，有两次炸到了地宫顶，就是没能真正进入地宫，也就是说，一次都没盗成。当地的农民都练出抓盗墓贼的本事了，最后一次盗墓，就是被当地人抓着的。再这么下去也不成啊，

图7 元代 青花四爱图梅瓶
湖北省博物馆藏

图 8 清理墓道

图 9 地宫内景

图 10 墓门

早晚有一天会出事儿，所以在2005年年底，考古队就正式发掘了。

考古队发掘的第一个步骤是清理墓道（图8）。可一开始，民工就挖不动这墓道。为什么呢？人家不愿意让你进去，总得来点保护措施吧？掺杂质，用夯土一点一点地把它垒起来，这就十分不好挖。

好不容易用了半个月，终于看到封门石了，有三块巨大的石板，也没那么容易让你打开。接着还有封门砖，被移除后，终于打开地宫门（图9）。红彤彤的大石门，门上还有一把大长锁（图10）。反正费了九牛二虎之力，进入了这个尘封六百年的地宫。

考古队员先进入地宫的前室，几乎毫无所获。接着就是中室，也都烂得没模样了，判断就六个棺木。最后来到后室，看到的就是棺床，郢靖王和王妃的棺木都塌落了，什么也看不出来。再一看，终于眼前一亮，两个棺床的前方，也就是郢靖王和王妃的棺床前面，各放着一件青花梅瓶（图11）。

这头顶正前方为什么分别都有个梅瓶呢？是郢靖王和王妃商量好的吗？放在那儿的瓷器，有可能商量过，但把瓶子放在棺床前，这真是个重要的随葬礼俗。

这瓷瓶在随葬品中叫"魂瓶"。魂瓶寓意是什么呢？有个传说：早在商朝末年，伯夷、叔齐先后让出了王位，因为不食周朝的粮食，饿死在首阳山。附近的人敬仰他们的气节，怕他们的灵魂挨饿，所以就找了瓶子放进五谷来陪葬，最初叫"五谷囊"，就是想着人是饿死的，死后绝不能让灵魂再挨饿。

魂瓶自打汉代以后，就非常流行，最复杂的时期是三国和宋代，有多种式样。明清以后就多用替代物了，也就是用生活中的瓶子去替代这种魂瓶。郢靖王的这梅瓶，就是替代物。

这两件梅瓶制式一样，但纹饰不一样。郢靖王头上放的那件是龙纹的

图 11 地宫后室棺床前随葬的青花梅瓶

（图 12），而王妃头上放的梅瓶的内容，跟武汉文物商店收来的那件一样，都是四爱图。这样一看，武汉文物商店 600 块那件基本上就是这一个时期的。“四爱图”画哪个画片都成，最多的我还见过“八爱”的，比如观复博物馆馆藏的一件黄花梨八爱纹笔筒，内容包括：陶渊明爱菊、孟浩然爱梅、苏东坡爱砚、王羲之爱鹅、周敦颐爱莲、米芾爱石、李白爱酒及陆羽爱茶。

这位郢靖王妃郭氏是谁呢？她的爷爷叫郭山甫。郭山甫有一绝活，就是相面。在过去，相面是金饭碗。郭山甫曾经给朱元璋相过面，这就厉害了。

在朱元璋一统天下之前，他曾对朱元璋说：“您这面相啊，贵不可言。”这在相面中，是头顶头的行话。然后他扭过头就跟他的儿女说，你们要想成事儿，就跟着他。郭山甫就让自己的孩子追随朱元璋打天下，成了开国

图 12 元代 青花龙纹梅瓶
湖北省博物馆藏

功臣，还把自己的女儿嫁给了朱元璋。

郢靖王短寿，二十七岁就死了。他十八岁结的婚，也就是永乐三年，过了九年，到了永乐十二年，这人就没了。

过去的人跟现在不一样：现在的人是先谈恋爱，谈到不想谈了，就结婚；过去的人是先结婚，从不熟悉到如胶似漆。这郢靖王刚一“似漆”，就死了。之后郭王妃就殉情了。自尽前，她还给自个儿画了一幅自画像，留给女儿们。估计王妃生前极爱此瓶，殉情之前，自己给自己挑一件喜欢的东西，想到郢靖王放了一件龙纹的青花梅瓶，所以郭王妃也给自己挑了一件青花梅瓶，以表达她对王爷的爱恋。

这两件四爱梅瓶，是元青花中的特例。买来一个，出土一个，虽画片略有差异，但属于同一个时期，而且都在湖北发现，实在是巧合。所以有人推测，那只 600 块钱买来的梅瓶应该也是同等级墓葬中出土的。

郢靖王朱栋是洪武二十一年生，永乐十二年死。洪武加建文加永乐，过去半个世纪，这梅瓶应该是新的，所以从时间上判断，年份定为元末明初更合适。

要说文物年代的判断，谁也不能精确到具体年份。文物的判断不是一个科学的判断，它是一个社会学、比对学的判断。看是以什么风格为主，就判定在哪个时代。

这两个四爱梅瓶的发现解决了两个问题：

解决了元青花向明青花过渡的标准器问题。元青花的标准器讲过，大维德的那对"至正型"云龙纹象耳瓶就是，这回讲的是元末明初过渡时期的标准器。

第二件出土的梅瓶解决了第一件 600 块钱买的大瓶的真伪纷争。两个四爱瓶同属一个时期，没有争议。

郢靖王妃运用古典文化的精髓，把四爱挑出来，之后这类文化就屡见不鲜。出土的这件梅瓶就是她爱情的见证。

当年卖给文物商店这只梅瓶的那对夫妻，如果把它卖给了一个古董商，那我们今天恐怕就没地儿去看这件文物了。没准儿，你在武汉博物馆看到这件梅瓶的时候，能碰上当年那对夫妻，想来他们看着这件梅瓶，一定是百感交集，浮想联翩。

029

西周·大盂鼎

中国国家博物馆藏

扫码听我讲
国宝故事

过去，古董这行业，青铜排第一。什么原因呢？第一，因为青铜器年代久远；第二，它是国家礼器，重要；第三，一旦它有铭文，历史价值巨大。

百年来，大盂鼎、大克鼎、毛公鼎这三尊晚清出土的青铜器，被称为“海内三宝”。

这回要讲的就是三宝之一——大盂鼎（图 1）。

大盂鼎是周康王二十三年（前 1056 年），距今三千多年，册封一个叫

图 1 西周 大盂鼎 中国国家博物馆藏

“盂”的大臣时所铸，所以叫“大盂鼎”。西周时期国君举行册命或王公大臣接受赏赐时，都要铸鼎，还要有铭文，鼎就成为记录历史事件的载体。

从铸造大盂鼎到它出土重见天日，相隔了近三千年。相传，大盂鼎出土于道光年间，距今不到两百年。

它的出土地一直有两个说法，一个说法是陕西岐山县礼村，另一个说法是陕西眉县李村。这两个 lǐ 村本身离着也不太远，到底是哪个？由于年代久远，又经过无数次转手买卖，所以很难考证了，但大多数学者认为是岐山县礼村出土的。

大盂鼎出土后辗转流传，先后有八任收藏主人。

第一个收藏大盂鼎的是当地士绅宋金鉴。大盂鼎个儿大，搁家里特别扎眼，岐山县县令周赓盛听说了以后，就想将大盂鼎据为己有。他威胁宋金鉴说，私藏宝鼎就是对抗朝廷，蔑视当今圣上，后果严重。宋金鉴没权没势，只好忍痛割爱。周县令把大盂鼎弄到手后做贼心虚，生怕宋金鉴去告发他，觉得还是转手变成钱踏实，所以大盂鼎在他家没搁多久就给卖了。卖了谁呢？谁都不清楚，偷偷卖的。清朝末年到民国，这古董甭管怎么转悠，最后一定转到琉璃厂，那时全国就这么一个大的集散地。

这事儿也巧了，到了道光三十年（1850 年），宋金鉴去北京参加会考，考中了进士，入选翰林院。翰林院平时没啥事儿，他没事儿的时候，就到琉璃厂溜达，那时候的文人都喜欢在琉璃厂溜达。结果一下老友重逢，他又看见了大盂鼎！这个时候的宋金鉴手头比较宽裕，马上讨价还价，最后出价三千两白银把它买了下来，又带回了老家，光宗耀祖。这样的国之重宝，一个人一生能有两次缘分，是非常不得了的事儿。

之后这大盂鼎，就一直被他密藏在家中，直到宋金鉴去世后，家道衰落，他儿子不得已将大盂鼎以七百两白银的价格给卖了。他爹花了三千两白银买的，儿子七百两白银就给卖了。什么叫败家子儿？这就叫败家子儿！

大盂鼎新的买主是陕甘总督左宗棠的幕僚，叫袁宝恒。袁宝恒不出名，但他有个侄子很有名气，就是袁世凯。袁宝恒深知左宗棠酷爱文玩，得宝贝后不敢专美，旋即将大盂鼎献给了上司，以表忠心。

大盂鼎在左宗棠手里也没待多久，就被转手送人了。左宗棠送给了一个叫潘祖荫的人（图 2）。

左宗棠在发迹前自视极高，恃才傲物，谁都看不上，咸丰九年（1859 年）被永州总兵樊燮诽谤构陷，朝廷严令密查，“罪且不测”。什么叫“罪且不测”？就是不知道最后要判多少年，甚至可能丢了命！

这时候有一个人出来了，就是潘祖荫。潘祖荫任大理寺少卿，正四品，相当于现在最高法院的副院长。

潘祖荫久闻左宗棠的才干，国家又逢多难之秋，人才难得，所以三次上疏密保。奏折中有句话传得很广，这句话就是“天下不可一日无湖南，

图 2 潘祖荫

湖南不可一日无左宗棠”。人的一辈子要是获这么一句话的表彰，那是不得了的事，这句话就传为名言（图3）。

左宗棠也说过名言，是副对联，也流传很广。这副对联是这么写的：“发上等愿，结中等缘，享下等福”，这是上联；下联是“择高处立，就平处坐，向宽处行”。下等福是什么福呢？柴米油盐酱醋茶。如果再讲究一点，也就是琴棋书画诗酒花。

由于潘祖荫说了这句牛话，咸丰皇帝一高兴，就开始重用左宗棠，这成就了他一世功业。

救命之恩，无以言报。左宗棠得到了大盂鼎之后，想都没想，就把它转送给了潘祖荫。

过去，江湖上有两大快事，一个是报仇，一个就是报恩。有能力报恩是件特别快乐的事儿。过去说“滴水之恩，涌泉相报”，何况这是救命之恩。

图3 左宗棠

潘祖荫来自苏州的名门望族。他的祖父潘世恩是乾隆五十八年的状元，与纪晓岚共修《四库全书》。潘世恩一脉，江浙一带习惯称之为“贵潘”，他们家出了 1 个状元、2 个探花、8 个进士、16 个举人，有“天下无第二家”之美誉。现在苏州的状元博物馆就是潘世恩的故居。张伯驹先生的夫人潘素，就是他们家的后人。

潘祖荫在光绪时官至工部尚书，相当于现在的建设部部长。故宫养心殿挂着的“祥开麟趾”匾，就是潘祖荫所书（图 4）。储秀宫还有三块匾也是他书的，分别是：“履端举正”“云霞焕彩”“观象通乾”。一个人的手书如果能挂在皇宫里，那就不是一般人。

潘祖荫不仅在官场上举足轻重，他还是当时海内闻名的金石大家。他专门修建房屋存放他的收藏，其中“滂喜斋”是用来存放古籍善本的。滂喜的“滂”就是滂沱大雨的“滂”，喜跟大雨似的从天而降，这得有多高

图 4 养心殿后体顺堂东次间

兴啊！还有“攀古楼”，用来放青铜器，跟古董攀亲戚。

潘祖荫这样一个牛人，自然知道大盂鼎的分量，爱若至宝。特地请了当时著名的篆刻家刻了“南公鼎斋”和“伯寅第一宝藏”的印章作为纪念，将大盂鼎视为攀古楼中最珍贵的收藏。

之后不久，他又花重金买下了大克鼎（图 5）。大克鼎又叫“膳夫克鼎”，光绪十六年出土于陕西扶风县的窖藏。大克鼎是西周晚期一个叫“克”的掌管宫廷膳食的官员，受到周王册封后，为祭祀祖先而铸造的。上面有铭文290个字，歌颂了祖先的品德与功绩，记载了周王对克的任命与赏赐（图 6）。

也就是说，“海内三宝”，潘祖荫一个人就占了两个，坊间流传“海内三宝，潘有其二”，极为风光。

但是人不能什么好事儿都占全了。潘祖荫有一块大心病——无后。古人说的“无后”就是没有男孩，过去没有男孩，身后就没有接班的了，难过至极。潘祖荫的弟弟潘祖年，就将自个儿的大儿子过继给了兄长，可不久，大儿子就去世了。潘祖年又将自个儿的二儿子过继给兄长，岂料，又没有

图 5 西周 大克鼎 上海博物馆藏

图 6 大克鼎铭文拓片

多久，这二儿子也莫名其妙死去了。这时候谣言就起来了，有人说潘家从墓中挖出来的东西太多，阴气太重，长宝不长人。

1890 年，潘祖荫病逝，六年后，他的夫人也去世了。弟弟潘祖年赶赴京城料理后事，并继承家产。此时，潘家已出现文物和藏书被偷盗的情景了。潘祖年下决心将兄长留下的收藏带回老家保管，足足装了四船，运回苏州。为了路途安全，他对外就宣称，说大盂鼎、大克鼎都被偷了，你们就别惦记了。

潘祖年过继给兄长的两个儿子去世后，自己的两个女儿也嫁了人。潘家只好再从族人里过继了潘承镜，成为潘祖荫、潘祖年两家的孙子，兼祧两家香火。潘承镜娶了个媳妇儿，叫丁达于。

新婚后不到一百天，这潘承镜也病死了。第二年，爷爷潘祖年也去世了。整个潘家的担子就落在了守寡的丁达于身上。丁达于改名为潘达于，一是表明进了潘家的门就是潘家的人了，二是希望自己能看护好潘家的藏宝。巧的是，“达于”这两个字与大盂鼎的“大盂”正好谐音（图 7）。

1937 年淞沪会战后，苏州沦陷。苏州地方小，潘家在这儿太引人注意了，所以潘达于就决定举家迁往上海避乱。大盂鼎高有 101.9 厘米，口径有 77.8 厘米，重达 153 公斤，这样体积巨大的宝贝是不可能携带的，所以

图 7 潘达于

潘达于就和家人一起把大盂鼎、大克鼎等宝贝封箱，找了一个秘密的地方，趁着风高月黑，埋了起来。

抗战结束后，时局趋于稳定，正当潘达于想把东西启出来的时候，内战又开始了。

内战打了几年，中华人民共和国成立后，经全家商议，潘达于执笔，给华东军政委员会的文化部写了信，表示希望将大盂鼎和大克鼎捐献给国家。1952 年，这两件宝鼎成为上海博物馆的镇馆之宝。七年以后的 1959 年，国庆十周年，十大建筑落成。中国历史博物馆开馆，大盂鼎应征北上，从此收藏于中国历史博物馆，也就是今天的国家博物馆。

大盂鼎之所以能称为国宝，除了尺寸巨大、等级之高以外，重要的是它上面有文字。

大盂鼎腹内有铭文 19 行 291 个字。大致内容是：我们周人要吸取商朝灭亡的教训，不能纵酒过度。周康王教诲盂要效法其祖先，好好辅佐他治理国家，并给盂丰厚的赏赐（图 8）。

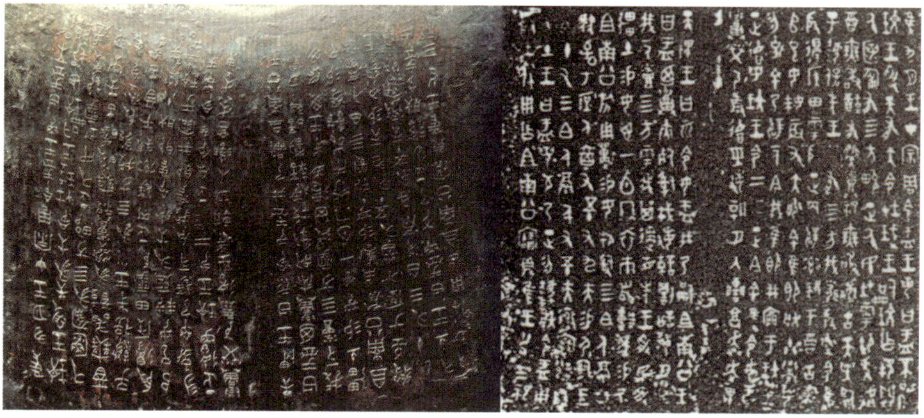

图 8 大盂鼎铭文及拓片

大盂鼎的铭文内容是研究西周时期“册命”制度的重要史料。大盂鼎铭文书法是西周前期金文的代表，具有圆浑朴茂的金文特质，是史料价值与艺术价值兼备的重要艺术品。

对于我们，更重要的是它两百年来惊心动魄的传承故事。

030

西汉·马王堆汉墓素纱禅衣

湖南省博物馆藏

扫码听我讲
国宝故事

1970年代初，是“深挖洞，广积粮，不称霸”的备战时期，这句那个年代耳熟能详的宣传语，实际上是套用了朱元璋“高筑墙，广积粮，缓称王”的九字方针。

那时候，全国各地你走到哪儿，都能看见这九个字。大家都在挖防空洞，挖防空洞最高兴的事儿，就是双方在地底下都听见对方的动静了，眼瞅着就掏通了，最后一下子就看见对方的脸了。

1971年底，长沙马王堆366医院挖筑防空洞，准备建地下医院。施工人员在打孔探测作业时，突然从孔里冲出一股气体，并伴有刺鼻的气味。有人赶紧用水往里灌，结果灌入的水竟被溅出来。

有一名工人回忆说，他当时抽烟，火柴遇到了洞内冒出的气体，就燃起了蓝色火焰。于是，各种不同版本的传说在当地就流传开了。这些说法听着都非常玄乎。就在大家疑惑不解的时候，有几个农民就说，这底下就是一古墓。人家就问，你怎么知道？其中一个人就说，我们祖上就是干这个的，只不过好久不干了。

366医院赶紧把这情况报告给了湖南省博物馆，博物馆的工作人员一听就明白了，说这是一“火洞子”（图1）。

“火洞子”是长沙民间对火坑墓的一个俗称。由于墓里的物质腐烂后会产生气体，通过白膏泥、木炭层的小洞冒出来，火苗接触时可以燃烧（图2）。通常这火洞子墓都是没被盗掘过的，对“十墓九空”的长

图 1 火洞子墓示意图

图 2 木炭 白膏泥

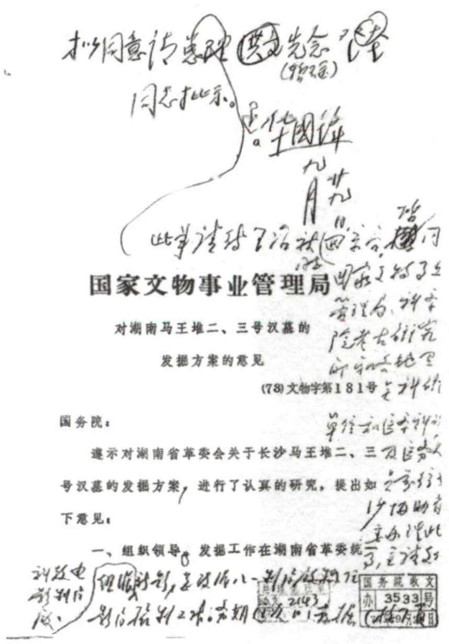

国家文物事业管理局

对湖南马王堆二、三号汉墓的

发掘方案的意见

(73)文物字第181号

国务院：

遵示对湖南省革委会关于长沙马王堆二、三号汉墓的发掘方案，进行了认真的研究，提出如下意见：

一、组织领导。发掘工作在湖南省革委统

国务院收文 办 3533 号

图 3 时任国家和省级领导人的批示

沙汉墓群来说，非常罕见。

长沙光汉墓，到目前为止就发现两千多座了。其实这两年有个更牛的墓被盗了，那是长沙王的墓。

早在 1971 年年底，有关考古专家就向国务院提交报告和申请，希望对马王堆进行正式挖掘。次年年初，国务院就发文批准了（图 3）。随后考古队正式对这一神秘墓葬进行了科学挖掘。

长沙马王堆汉墓出土了大量漆器，这个事儿在当年特别轰动，头号新闻。战汉时期的羽觞杯出土了很多，但是马王堆汉墓出土的羽觞杯上面写着字："君幸酒""君幸食"（图 4、图 5）。翻译成今天的白话，就是吃好喝好。还有 T 形的帛画（图 6）、各种纺织品、衣物、帛书（图 7）、简牍和动植物标本等三千余件！其中最传奇的，是一具沉睡了两千多年仍肉身不腐的女尸。

这女尸的样子，据当年的新闻报道说"栩栩如生"。在我们过去的老观念里，认为只有尸身不朽，灵魂才能重生。

尸身不朽有五种状态。第一种是干尸。比如埃及大家熟知的木乃伊，

图 4 西汉 "君幸酒"漆耳杯
湖南省博物馆藏

图 5 西汉 "君幸食"漆耳杯
湖南省博物馆藏

图 6　西汉　T 形帛画
湖南省博物馆藏

图 7　西汉　帛书《黄帝内经》
湖南省博物馆藏

中国人不是不能做木乃伊，是觉得做成这样不好看。

还有一种是蜡尸。这种状态在修行的和尚中特别常见，身上的肌体呈蜡状，都不怕摸。

再有就是冻尸。比如前些年在阿尔卑斯山上发现的冰封了 5300 年的奥兹冰人。

另外还有鞣尸。鞣尸是在偶然的条件下，进入泥炭沼泽里面形成的，这尸体挖出来是柔软的。

最后就是这湿尸。

马王堆出土的这具女尸就属于湿尸（图 8）。出土时，泡在溶液里，女尸头上有头发，眼睫毛、鼻毛都在，左耳鼓膜完好，指纹清晰。只是两个眼球鼓起来了，舌头伸出来了，这显然都不是栩栩如生，这些特征属于

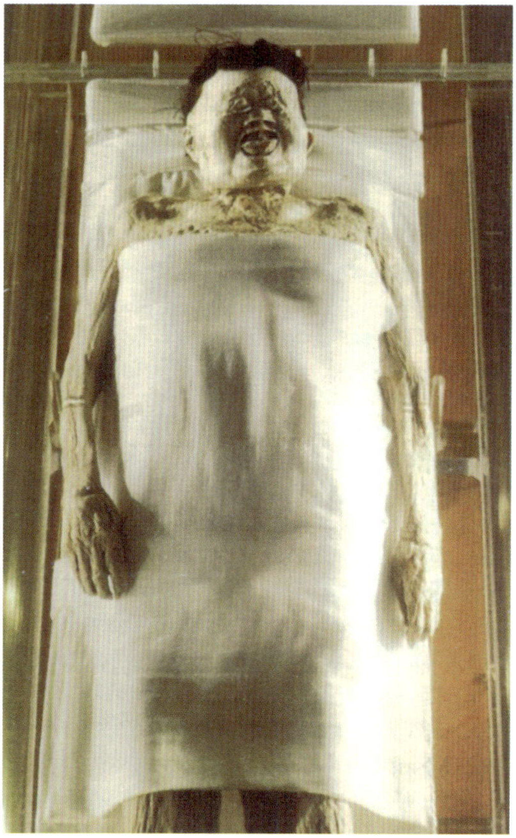

图 8 辛追遗体

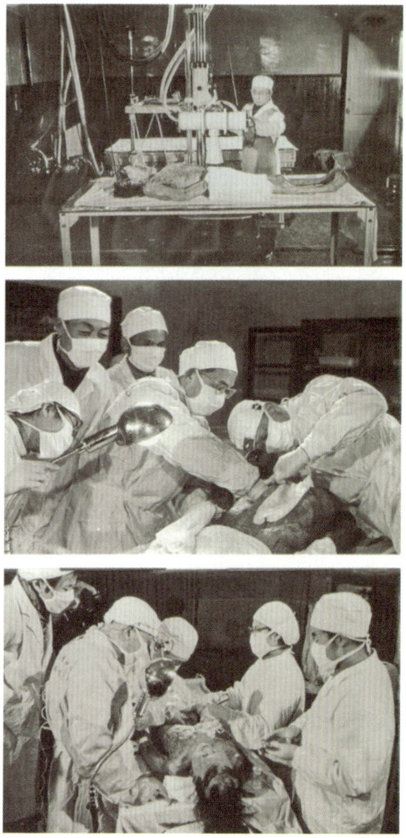

图 9 医务人员检测、解剖辛追遗体

早期腐败现象。

后来经过医生的解剖检验，女尸不仅外形完整，连内脏器官也完整，皮下脂肪还有弹性。在注射防腐液的时候，血管随着药水还鼓起来了，通过微血管全身扩散（图 9）。

女主人生前有多种疾病，如冠心病、动脉粥样硬化、多发胆石症；在直肠和肝脏内发现了鞭虫卵、蛲虫卵、血吸虫卵；在其食管、肠胃内发现了 138 颗半甜瓜子，可知死于瓜熟季节，显然是夏秋之际。按病理推断，她可能是胆绞痛引起冠心病发作致死，去世时，年五十岁。

马王堆汉墓的这具女尸，是世界上首次发现历史悠久的湿尸，出土后

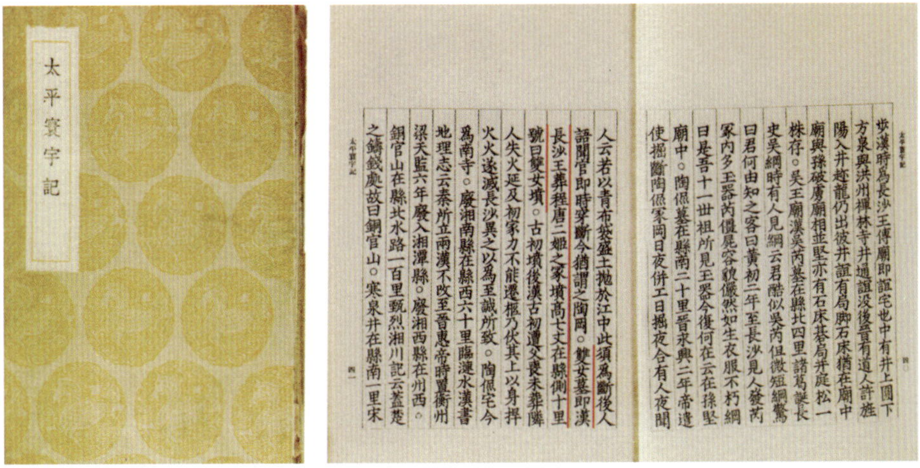

图 10 北宋《太平寰宇记》书中对马王堆汉墓的记载

震惊世界！此后发现的类似古尸被考古界归为“马王堆尸型”。

经过考古确认，这个女尸的名字叫辛追，她亡故后获得如此厚葬，是因为她是长沙国丞相利苍的妻子。史籍记载：刘邦建立西汉后，为稳固天下分封了七个异姓王。后来这些诸侯危及了中央集权的统治，刘邦就想除掉这些异姓王。他派利苍到长沙国任丞相，同时监督长沙王。利苍刚来不久，就遇上了邻国淮南王英布叛变。利苍劝说长沙王诱杀了英布，立下大功，所以利苍被封为轪侯。辛追作为他的夫人，自然不仅是生前荣华富贵，死后一定得厚葬（图 10）。

这里要说明的是，辛追的遗体是中国非常重要的文物。说它是文物的第一个原因，是它保留了大量的文化信息；第二个原因，是它展示了保存遗体的科技成果，尽管有些人认为这是非常偶然的。

辛追遗体出土后，媒体争相报道女尸，这就很容易让人忽略马王堆出土的其他重要文物。其中最神奇的就是辛追夫人的素纱襌衣（图 11）。《说文解字》里说：“衣而无里，谓之襌。”没有里子的衣服就叫襌衣。

马王堆出土了两件素纱襌衣，一件是曲裾的，48 克，一件是直裾的，

图 11 西汉 素纱禅衣 湖南省博物馆藏

49 克，都差一点儿不到 1 两。它们所代表的是西汉养蚕、缫丝、织造工艺的最高水平。薄如蝉翼，轻若云烟，叠巴叠巴就能把它塞进钱包。

可惜的是，禅衣出土的时候是两件，现在就剩下一件了。另一件被毁了。

为什么毁了一件呢？这说来话长。

我们现在的人普遍文物意识都特强，强到都拿着破烂儿当国宝；四十多年前，我们的文物意识都特别弱，弱到都拿着国宝当破烂儿。那时候的博物馆基本上没什么防范措施，说来说去就是挂把锁，过去博物馆被盗的事儿也没那么多。改革开放以后，盗窃案就急剧增加，大家知道文物有价值，值钱了，大案就接二连三地爆发。

1983年10月22号晚上8点钟，一个叫许反帝的17岁少年，悄悄地混进了博物馆。据说他当时受热播电视剧《加里森敢死队》的启发，想着发财，不走正道。想来想去，就想到博物馆偷几件东西卖，赚点零花钱，下馆子喝酒。

当时还不算太晚，他从附近搬来一个竹梯子，爬上陈列厅北面西头的通风窗户，击碎玻璃后，就爬窗入室，没费啥劲。

这个陈列室当时是由周恩来总理特批的，专门用以陈列马王堆汉墓的出土文物。他进去以后环顾四周，一看这里全是国宝文物，展厅里空荡荡就他一个人。刚才那么大的玻璃碎裂声也没引来任何人，胆子就大了。他就开始撬柜子上的锁，那时候锁都是明锁。但他经验不足，技能也生疏，一烦，就拿起根铁管，把玻璃“噼里啪啦”全打碎了。那时候的展馆跟现在博物馆的可不一样，现在博物馆的展柜全是夹胶玻璃，就是打碎了也拿不下来，抡圆了砸都砸不开，谁都甭惦记。

那时候展柜就是普通玻璃。六个展柜“噼里啪啦”全被他砸开了，这么大动静，巡夜的人和住在附近的博物馆员工都没发现。他就一股脑儿把自己认为值钱的东西都打包塞好，然后心满意足地拎着装满文物的手提袋，敲开了传达室的门。这值班人员脑子完全锈掉了，随口还埋怨了他一句：这么晚了你还出去干吗啊！随手把门打开了，也不管眼前这人面孔生不生，也不管他手中是不是拎个大包，就把这人直接放了。

这就是震惊中外的“许反帝盗窃马王堆汉墓出土文物大案”！

这个少年当时共拿走了三十多件文物。具体数量各类报道说法不统一，反正他那天是倾尽个人全力盗走了大量文物，其中两件就是素纱襌衣。

这起文物失窃案震惊全国，长沙警方顶着巨大压力开始侦查破案。那时候不像现在，现在可以调监控，甭管从哪儿来的，准能留下蛛丝马迹。那时候没监控，所以弄了几天都没结果。

几天后，在长沙的烈士公园发现了一个奇怪的包袱。捡到的人打开一看，居然是马王堆失窃的部分文物！与此同时，还有一个神秘的女人走进了长沙五一路邮局，将一个包裹丢在柜台上转身就溜走了。邮局的工作人员发现这东西以后还不敢动，那时候警惕性特高，以为是炸弹，就打电话报警。警察打开一看，又是马王堆失窃的文物！

案子到这儿，东西都回来一大半了，但人没抓着，有点沮丧。中国人讲究人赃俱获。光拿着人没拿着东西不行，光拿着赃物没拿着人，也不成。这虽然好点儿，但确实没什么劲。

又过了几天，长沙友谊商店失窃，小偷被当场抓住。审讯这小偷的时候，这孩子满不在乎，东扯西拉，居然说出："马王堆那事，就是我干的。邮局里那神秘的女人，就是我亲妈，叫许瑞凤。"

这时候警察就直接扑他们家去逮捕了许瑞凤。许瑞凤说："我这儿子把东西拿回来的时候，我真是舍不得让他去自首。我只好把一些文物给烧了，烧完顺着下水道给冲走了。"其中有一件素纱禅衣就这么被毁了。这素纱禅衣烧到一半的时候，许瑞凤就想，这东西归还回去，可能还能逃避一些罪责，所以就把剩下的东西分成两拨，一拨扔公园，一拨扔邮局了。

早年，我还听说过另外一个版本，说这个许反帝，一个人扛着这堆东西跑到火车站准备溜走，被联防给拦住了。当时素纱禅衣还裹着其他文物，因为当时许反帝没做充分准备，他就用一个大袋子把所有东西都兜在一起，属于临时起意，所以就这么巧，被联防逮住了。这是一种说法。

不管许反帝他是策划已久还是临时起意，说白了，他没什么经验。但是行为极其恶劣，所以数罪并罚，被判处死刑，由于当年他未满18岁，缓期2年执行。后来许反帝的死缓又改为无期徒刑，再后来又改为有期徒刑，再后来又减刑，11 年后他就出来了，出来那年 28 岁。他母亲许瑞凤因为当年的包庇罪和损毁文物罪，被判处 15 年有期徒刑，服刑期间表现比较好，提前 7 年获得自由。他们娘俩算是团聚了，可惜，我们这两件素纱襌衣再也没有办法团聚。

素纱襌衣轻薄而透明，那怎么穿呢？有人认为它是鲜艳的锦袍外面再罩上这么一层透明的襌衣，使里面的纹饰若隐若现。还有人认为这就是当内衣穿的，是一种性感内衣。但我觉得可能性不大，你想想它宽袍大袖的，你再想想，两千多年前，利苍让他妻子穿这么大一件情趣内衣，实在不怎么贴谱。

湖南省博物馆说，这么一个国宝级的东西，尽管它没有烂，但在长时间灯光照射下，它也受不了。那怎么保护呢？于是决定复制一件，就委托南京云锦研究所想办法。结果，南京云锦研究所费了好大劲复制出来第一件素纱襌衣，但比较重，超过了 80 克，一件等于两件的重量。

专家很纳闷，说我们再笨也不能比古人笨那么多啊！后来，专家经过反复研究才找到一个答案，原来，西汉时期的蚕是三眠蚕，我们现在的蚕是四眠蚕。三眠蚕休眠三次、蜕皮三次，四眠蚕是蜕皮四次，也就是所谓的五龄蚕，因为从蚕籽中出来的时候不需要蜕皮。虽然就差了这么“一眠”，但四眠蚕的个头大，吐出来的丝也就粗，这一粗，这衣服就织不细了。

接着，专家们就得想办法控制蚕宝宝的个头，再采用这些小巧苗条的蚕宝宝吐出来的丝，织造素纱襌衣。1998 年，终于织成了一件 49.5 克的仿真素纱襌衣。这事儿多少还有点气人，为什么还生生多了 0.5 克，怎么就不能是 49 克呢？

这文物都是有宿命的。这两件素纱襌衣它有命，辛追夫人生前穿着它美丽过，情趣过，死后在湖南这么一个潮湿的地下一埋埋了两千多年，它居然没有烂。也许埋个钢丝都烂了，这素纱襌衣居然没有烂！出土以后，这素纱禅衣给了我们一个惊喜，然后又给了许反帝一个诱惑，许反帝和他妈又给了我们一个惊吓。这两件国宝，只剩其一。大幸中的不幸，是毁了一件；不幸中的万幸，是侥幸还留下一件。

031

北宋·汝窑天青釉盏托

英国维多利亚与阿尔伯特博物馆藏

维多利亚与阿尔伯特博物馆是全世界顶级的博物馆之一，简称 V&A。在英国的地位仅排在大英博物馆之下，大英博物馆是老大，它是老二。它原本有个名字叫南肯辛顿博物馆，成立于 1852 年。

为什么后来又叫维多利亚与阿尔伯特博物馆呢？是为纪念英国的阿尔伯特亲王和维多利亚女王而命名的。维多利亚女王比阿尔伯特有名，所以“维多利亚”就放在了前头（图 1）。

英国的女王时代，走到全世界各个地方，你都能看到以“维多利亚”命名的港口和城市。比如加拿大就有，中国香港也有。大英帝国就是在这

图 1 维多利亚女王和阿尔伯特亲王在第一届世博会开幕式上

个时期向外扩张的。维多利亚女王在位时间很长，有六十四年，在英国历史上排第二。第一是现在的伊丽莎白二世女王，她到现在已经有六十六个年头了。

维多利亚女王在位期间，英国处在最强的“日不落帝国”时期，在英国历史上称为“维多利亚时期”，当时英国加大殖民扩张，建立和占领了很多殖民地。

维多利亚女王在位的几十年，正值英国资本主义的一个转变时期，自由资本主义由方兴未艾发展到顶尖，又过渡到垄断资本主义。经济、文化空前繁荣，君主立宪制得到充分发展，这就使维多利亚女王成了英国和平与繁荣的象征。

她也是第一次鸦片战争的发动者。大清朝鸦片战争失败后，和英国签订了《南京条约》。那时候，维多利亚女王才 23 岁。

维多利亚与阿尔伯特博物馆的藏品非常多，而且非常精美，如果有机会到英国，不去看是很可惜的。你到这个博物馆会有一个全新的感受，它的东西特别多，跟商场的货架似的。

在这个博物馆里，编号 No.1 的藏品是一个汝窑的盏托，它直径 16.5 厘米，高有 5.8 厘米。把它编为 1 号很符合它的身份，它是 V&A 所藏的唯一一件汝窑（图 2）。

这件汝窑盏托，因为历史上有过磕碰，所以它就镶了铜口。很重要的是，它背面的口沿边上，有三个字——“寿成殿”，表明它是寿成殿曾使用过的物品。

这三个字不是制作瓷器的时候就有的，是后来砣上去的。在台北故宫收藏的定窑瓷器中，也发现有“寿成殿”的款。寿成殿是南宋孝宗寿成皇后谢氏所居之地。

这件东西是 1970 年由英国人哈里·加纳捐的。

图 2 北宋 汝窑天青釉盏托及款识 英国维多利亚与阿尔伯特博物馆藏

1970 年离现在不算很久，但那时候大部分中国人还不知道汝窑是什么。十多年前，我在《百家讲坛》讲到“汝官哥钧定”的时候，还有很多人不知道，现在可真是普及了。

哈里 · 加纳是英国人，他是空气动力学专家，也是研究陶瓷的专家，还是收藏家。他是从研究青花瓷开始的。

另一国宝——大维德青花瓶，是最早有确切纪年的元青花。早在 1954 年，哈里 · 加纳就在他的文章《东方青花瓷》中，首次公开提出这对大维德瓶是真品。

这件 V&A 的汝窑盏托是他捐赠的，很神奇的是，大英博物馆的那件汝窑盏托也是他于 1971 年捐赠的，比 V&A 这件晚了一年（图 3）。也就是说，在 1970 年和 1971 年，哈里 · 加纳分别向 V&A 博物馆和大英博物馆各捐了一件汝窑！

图 3 北宋 汝窑天青釉盏托
英国大英博物馆藏

图 4 北宋 汝窑天青釉盏托
英国大维德基金会藏

这种类型的盏托全世界就三件，且全在英国，另一件就是大维德基金会的（图 4）。这事儿有点蹊跷，全世界只有三件，哈里·加纳怎么会有两件呢？

在 V&A 的这件是哈里·加纳从伦敦东部的地摊上买的，据说当时就花了三英镑，也就是三块钱。他是在 1970 年以前买的，那时候地摊上花三块钱不算少了，七八十年代，人也挣不了多少钱。过去还有一段日子，一个英镑就值一两黄金，磅本身就是重量单位，它跟美元不是一个概念。

西方人跟中国人之间的审美是有差距的。17、18 两个世纪中国的外销瓷大量出口到欧洲。在这之前虽然也有，但都是零星的。西方人基本上都是通过那个时期开始普遍认知中国陶瓷。那时候看到的陶瓷，大多是花里胡哨的，后来资本主义革命成功以后，英国大肆扩张，审美也就发生了变化，简单地说就是：由俗到雅。

其实在中国历史上也是这样，审美雅的时候，都是经济好的时候；经济不好的时候，普遍都俗。地位越高、经济越好的人，欣赏水平就越雅。暴发户的心态，都是喜欢花里胡哨的。当时的欧洲人主要研究的是青花和彩瓷，而且是以康熙时期为主，宋瓷备受冷落。在 19 世纪的某一天，欧洲人突然被这种极简风格的宋瓷吸引，奢华过后就开始喜欢简单，跟现在国际大牌是一个路子。

从 V&A 博物馆的记录中，我们了解到：1883 年，V&A 委托人从北京买了第一件宋瓷标本回去研究。当他们看到这件宋瓷标本的时候，发现跟明清彩瓷明显不同，然后就开始关注。

这个受委托买宋瓷的人是个中国通。他是英国人，名叫史提芬 · 布歇尔，有一个中文名，叫“卜士礼”（图 5）。卜士礼出生于 1844 年，按照

图 5 卜士礼

咱们的时间来算，他是道光年间生人。他大学就读于伦敦大学的盖伊学院，学过医学、法医学、中药学、地质学、生物学、古生物学和有机化学等等，是个全才。1868 年，卜士礼获得伦敦大学医学博士学位。同年，他前往北京担任英国驻华使馆的医师。在受 V&A 委托之前，大英博物馆也曾找过他，让他帮助收集宋瓷。

在中国居住的三十二年间，卜士礼不是简单地精通中文，他还写了大量关于中国艺术、地理、历史、钱币等方面的论文。1900 年他退休后回到英国，先后出版了《中国美术》《中国瓷器》《中国陶瓷图说》等著作。他在对西夏文的解读等方面也有贡献。我们看到西夏文的时候，顶多能知道它是西夏文，无法解读，但他居然能解读，可见“中国通”名不虚传。

在中国清朝末年，西方列强已经有很多非常重要的学者带着充裕的经费到中国来研究这些东西。而那时候，我们对自己的文化并不重视。这卜士礼跟哈里·加纳没什么关系，差不多卜士礼死了以后，哈里·加纳才出生。他们俩唯一的关系，就是当年卜士礼写的这些著作，对哈里·加纳产生了很大影响。所以哈里·加纳就特别喜欢逛摊儿。

逛摊儿有很大乐趣，当你身怀绝技而别人什么都不懂的时候，你在那地摊上看，处处都是宝藏啊！我当年就有这种状态。满地官窑没人理，只要一百二十块，这我还跟人家砍呢，因为当时就值二十。

随着信息和知识的普及，地摊上基本没什么漏了，多数是雷。当时可不一样，摊儿上卖东西的人都不知道自己卖的是什么。哈里·加纳就是逛着逛着地摊，意外地买到了寿成殿的这件汝窑盏托。

汝窑从宋到今，地位都非常高。当时南宋人叶寘，在《坦斋笔衡》中记载道：“本朝以定州白瓷有芒，不堪用，遂命汝州造青窑器，故河北、唐、邓、耀州悉有之，汝窑为魁。”这就是说汝窑在当年都是最有价值的。汝窑是北宋的，后来南宋到了南方，但南方不具备烧汝窑的条件。

中国瓷器烧造必须具备多个条件，才能达到理想的效果。需要天时地利人和。第一是产地，包括就地取材，各地的瓷土都是不一样的；第二是手艺，不是一天就能练就的，需要多代人的努力；第三是已形成的文化。这三点缺一不可。

所以当汝窑刚做出来，使用没几天的时候，北宋就被灭了，手艺也就跟着丢了。以后再也没有机会恢复，这几年才开始逐渐地恢复烧造汝窑。

过去很长时间有个说法：汝窑全世界只有六十七件半。这六十七件半就包括这三个盏托。这三件里面最有名的，并不是保存完好的，而是V&A收藏的这件残品。“寿成殿”三个字，很确切地说明当时这件东西是皇后用的，身份非常高。

实际上，汝窑越来越多，现在认定为汝窑的瓷器，全世界几百件总是有的。但盏托相对比较少见，仅次于樽。樽全世界有两件，一件在大英博物馆展览（图6），一件在故宫（图7）。但近些年又发现一件，是当年卢芹斋卖出去的，现藏美国辛辛那提博物馆（图8）。

所以历史上喜欢收藏的人，都不提汝窑。因为没机会，不可能。汝窑是已知的不可替代的陶瓷绝品。比如你想收一个永乐青花压手杯（图9），虽然全世界只有三个，但可以用其他永乐青花的碗盘来替代。汝窑不行，有就是有，没有就是没有。

哈里·加纳的两件汝窑盏托，给大英博物馆的那件是哪儿来的呢？我不知道，但它肯定是买的。我更愿意相信哈里·加纳也是地摊上买的。

哈里·加纳还是很有规划的，他一个博物馆各捐献了一件，而不是两件都捐给同一个博物馆。东西都给一个博物馆，先不说他受什么委屈，我们这故事都不好讲。

汝窑之所以贵重，还因为相传它是以玛瑙为釉，呈天青色。

当年方文山写《青花瓷》这首歌的时候，原本写的就是汝窑，这是方

图 6 北宋 汝窑天青釉弦纹三足樽
英国大维德基金会藏

图 7 北宋 汝窑天青釉弦纹三足樽
故宫博物院藏

图 8 北宋 汝窑天青釉弦纹三足樽
美国辛辛那提艺术博物馆藏

图 9 明永乐 青花缠枝莲纹压手杯 故宫博物院藏

文山亲口跟我说的。歌词中有一句“天青色等烟雨，而我在等你”，说的就是汝窑。方文山说，之所以要把名字改成《青花瓷》，是因为如果主持人报幕，说：“下一首，周杰伦演唱《汝窑》！”这听着有点怪异，没法报幕，所以就把歌名改成《青花瓷》。那时候汝窑没名气，如果当时这首歌就叫《汝窑》的话，说不定今天更火了。

032

南宋·徐谓礼文书

武义县博物馆藏

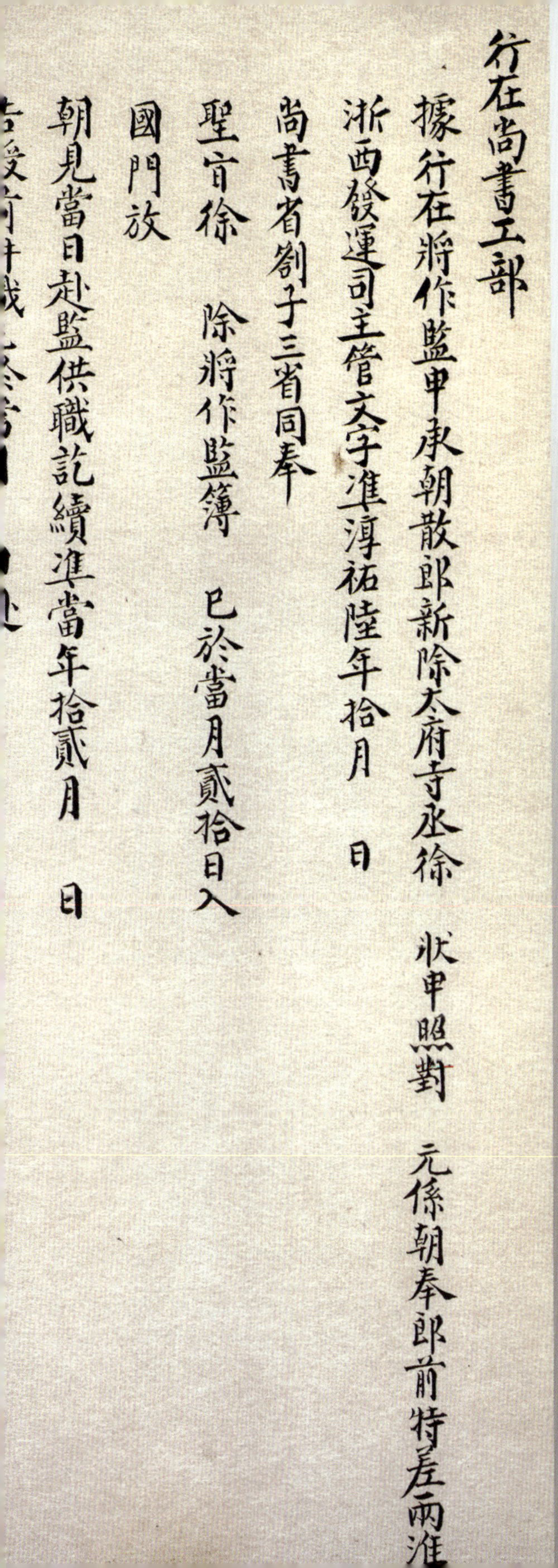
行在尚書工部
據行在將作監申承朝散郎新除太府寺丞徐　狀申照對　元係朝奉郎前特差兩淮
浙西發運司主管文字淳祐陸年拾月　日
尚書省劄子三省同奉
聖旨徐　除將作監簿　已於當月貳拾日入
國門放
朝見當日赴監供職訖續準當年拾貳月　日

南宋嘉泰二年（1202 年），浙江武义人徐邦宪家里又添了一个儿子，起名徐谓礼。

这一年，徐邦宪已经四十六岁，老来得子。当时，他是南宋朝廷重臣。他科举考过礼部第一名，又娶了著名的大状元、大思想家陈亮的妹妹。徐邦宪曾官至工部侍郎兼临安知府，相当于现在的建设部副部长兼杭州市市长。

他家这小儿子徐谓礼，生得好，长在这样一个书香门第的显赫家庭里，从小苦读，也想跟他爹一样考科举博取功名，结果怎么考都考不中。考科举这事儿在古代跟谁打招呼都没用，尤其官二代，考试时还严加一等。

但在宋代，对科举没有成功的"官二代"来说，还是有点照顾的，可以依靠父辈的地位和关系得到朝廷的任命，获得一官半职，这种制度称为"恩荫"。

科举落榜后，这位"官二代"只好恩荫入仕，这一年他十九岁。徐谓礼的第一份工作是在临安府粮料院当承务郎，相当于今天在粮食局做一名普通科员。在南宋的官阶中，承务郎排在最末尾的从九品。

虽然恩荫让很多"官二代"有了个体面的职业，但他们要比科举出身的官员地位低很多，也很难升迁为高官。因此，徐谓礼在接下去的三十四年里，虽然升迁了十二次，从中央到地方，从低级到中级，当过副县长、县长、副市长，最后也只不过升到从六品，相当于现在的副处长。他这一生政绩平平，但他为官期间无意中做过一件大事，就是为著名的“蟋蟀宰相”贾似道写过保状。

保状相当于现在的举荐信。在那个时代，举荐亲朋好友当官很正常，徐谓礼文书中就记载了他为亲友所写的各类保状，其中一则作保的对象就是贾似道。徐谓礼与贾似道还有点儿姻亲关系。

贾似道这人可不得了。他是宋理宗时的大权臣、大奸臣，他的姐姐是宋理宗的爱妃，说白了，他就是皇帝的小舅子。贾似道酷爱蟋蟀，甚至有过带蟋蟀上朝议政的记载。虽然历史上他的形象是品行不端、行事荒唐，但他还真不是个粗人。他是书画收藏大家，比如王羲之的《快雪时晴帖》、展子虔的《游春图》、欧阳询的《行书千字文》以及《淳化阁帖》，都是他的旧藏。

虽然徐谓礼举荐过贾似道，但从他后来的仕途看，他并没有因此沾什么光。徐谓礼去世的时候，贾似道还没当上宰相呢。

徐谓礼是五十三岁去世的，他的后人将他与妻子一起埋葬，地点就在他的老家武义县的龙王山上（图1）。一般的人去世了就写个墓志，把这一辈子做的事儿歌功颂德一下。徐谓礼家里人觉得只有墓志不够，所以

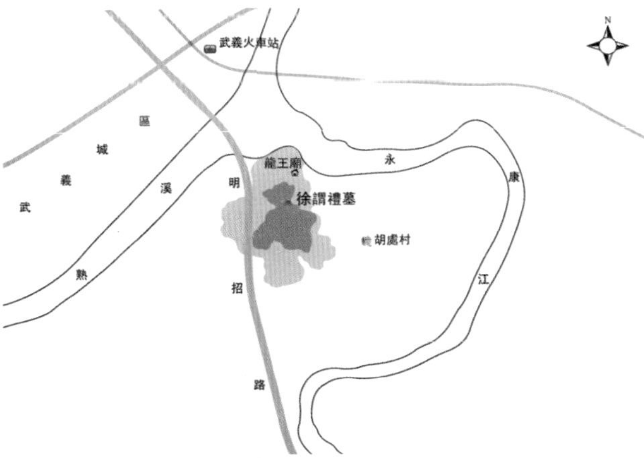

图1 徐谓礼墓位置图

就专门请人在纸上誊写了徐谓礼一生的官阶升迁、差遣变化及政绩考核（图 2）。把记录了他三十年官场生涯的文书一起埋在了墓里，这说明家里人还是很看重他的仕途的。尽管官做得不大，但笔笔在案。从某种意义上讲，这是好事。比如鲁迅先生著作等身，但现在研究他最重要的资

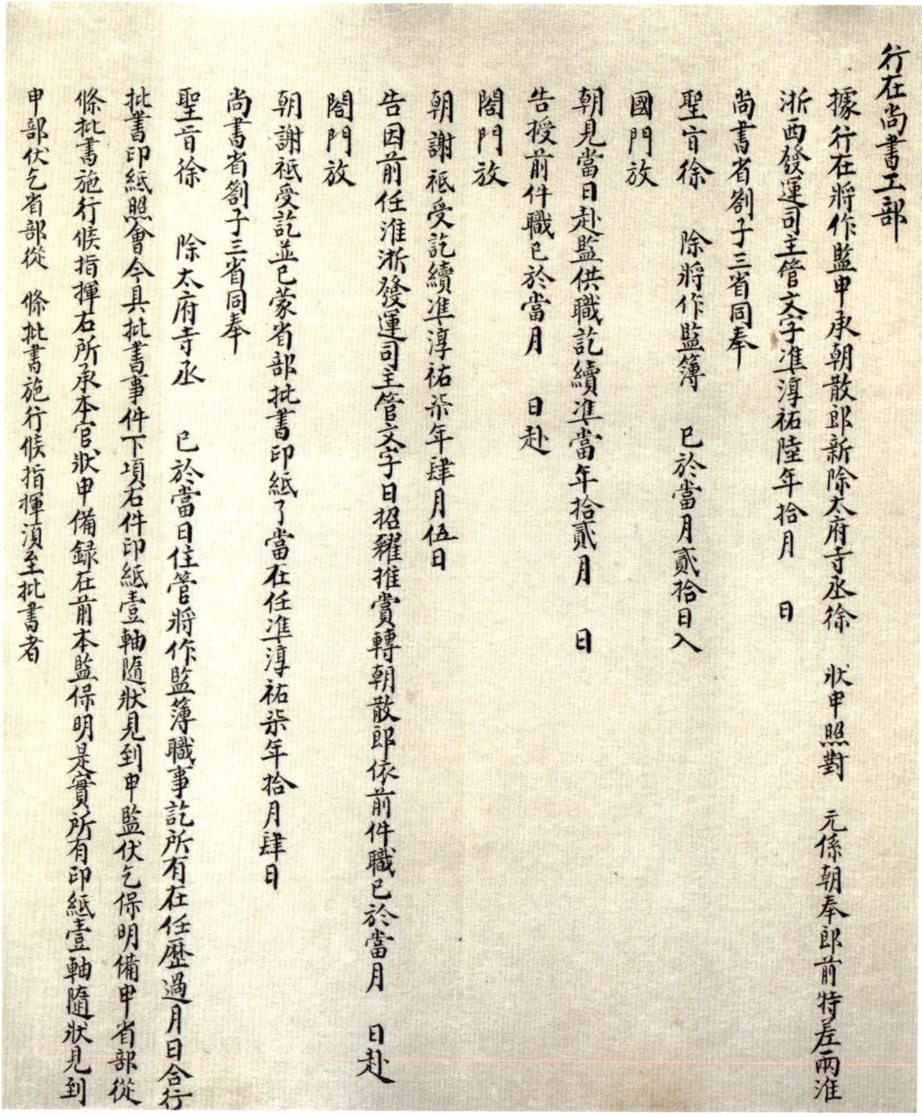

行在尚書工部
據行在將作監申承朝散郎新除太府寺丞徐　狀申照對　元係朝奉郎前特差兩淮
浙西發運司主管文字準淳祐陸年拾月　日
尚書省劄子三省同奉
聖旨徐　除將作監簿　已於當月貳拾日入
國門放
朝見當日赴監供職訖續準當年拾貳月　日
告授前件職已於當月　日赴
閤門放
朝謝祗受訖續準淳祐柒年肆月伍日
告因前任淮浙發運司主管文字日招糴推賞轉朝散郎依前件職已於當月　日赴
閤門放
朝謝祗受訖並已蒙省部批書印紙了當在任準淳祐柒年拾月肆日
尚書省劄子三省同奉
聖旨徐　除太府寺丞　已於當日住管將作監簿職事訖所有在任歷過月日合行
批書印紙照會今具批書事件下項右件印紙壹軸隨狀見到申監伏乞保明備申省部從
條批書施行候指揮右所承本官狀申備錄在前本監保明是實所有印紙壹軸隨狀見到
申部伏乞省部從　條批書施行候指揮須至批書者

图 2 南宋 徐谓礼文书（局部） 武义县博物馆藏

料还是他的日记。日记就跟文书一样，特别客观。说白了，这文书就是徐渭礼的日记梗概。

一下子过去了七百五十年，谁也不知道徐谓礼和他妻子俩人躺在这龙王山上。直到 2005 年 4 月，当地有个姓王的，他有份不可告人的古老“职业”——盗墓。但他那天并不是去盗墓，是去龙王山挖春笋。4 月份正是出竹笋的时候。这笋长出来的都不好吃，所以得深挖。王盗墓挖着挖着，隐约间，他就看到泥土中露出了一些石头台阶，这一下，职业病就犯了。他估摸着这底下八成有墓（图 3）。

当天晚上，他找了俩人，一个程盗墓，一个杨盗墓。看完风水，确定了墓葬位置后，这三个人就偷偷开挖。王盗墓个子小，他最后负责钻进墓内盗取文物。

宋墓特别好挖，它跟先前讲的汉唐大墓完全不一样。帝王级的墓难挖，是因为都埋得深；宋代的这种民间小墓，只要你找准了，三下两下，几锹土就把它挖出来了（图 4）。

那一晚，这伙儿盗墓贼将墓中的镇纸、砚台、印章等小玩意儿全都顺走了，看还有件东西被蜡封着，直接就抱回了家。

之后的五六年时间内，他们一直避风头，怕出事儿。该挖笋的挖笋，该卖鸡蛋的卖鸡蛋。一直到了 2011 年，他们看风声已过，才把这些宝贝拿出来贩卖。镇纸、砚台这些小玩意儿很快就脱手了，唯独这蜡封的文书，让他们头疼。

把这蜡封拆开后，看起来有十七卷文书。研究了半天，只知道这东西是南宋的，好像是一个官员的“履历”。看着真不提气，上面诗词曲赋，知道的全没有。

这东西超出了他们的知识范畴，也不知道值多少钱，但他们很清楚，这些东西必须一起出手，不能拆散了卖。

图 3 徐谓礼夫妇合葬墓全景

图 4 墓室

他们就胡乱地开了个价：八十万。并挑了最长的一卷文书，拍了照片，到市面上去找买家。可一听说这东西是南宋的，还是纸质的，就没人相信。因为南宋的纸质文物，传世的都是酥的，埋在地底下的早烂啦。

好不容易到北京找到了一个古玩收藏者愿意买，成交以后，这买家越来越觉得这文书不真，就反悔了。他又找到这个卖他文物的盗墓贼，说这事儿得退货，你把钱给我，我把东西还你。可盗墓贼早把钱挥霍了，又开始去凑钱，凑来凑去，只购回了一部分，剩下四卷文书还被北京这买家扣着。

在此期间，那张文书的照片就在古玩市场上四处流传，恰好被当时武义县的博物馆馆长董三军看到。一开始，董三军也认为是假的。

后来，浙江省文物考古所的研究员郑嘉励到武义出差，董三军就给他看了这张照片。郑嘉励仔细研究了上面的文字，得出了一个结论：无论内容和形式，这卷文书都没有伪造的可能。理由有三点：第一点，文书里的内容，是今人从来没有看到过的。加上徐谓礼也不是名人，他的官阶、委任状等历官材料要造出来，造假者必须有丰富的历史知识，但目前来看，全世界都找不到这么一个人。

其次是书法的形式。文书的书写完全是一种公文格式，造假者如果没有见到一个真的“模板”，很难造出假来。事实上，类似的文书前所未见，史书上也没有相关记载。没有真品，那怎么来造伪作？

最后是动机分析，完全找不到造假的理由。造假的目的就是为了赚钱，徐谓礼又不是名人，文书上的内容又一点不风雅，特冷门，到市场上也不易出手。如果是为了卖钱，那就写上点儿唐诗宋词，造造司马光、王安石的假，那多好卖！

郑嘉励看到这些东西，就推测，可能跟古墓被盗有关。董三军直接向武义县公安局报案，经过调查，警方锁定了盗墓贼之一的程盗墓。但为了文物的安全，警方没有贸然行事。

2011年7月，为了不打草惊蛇，使文物毁匿，侦查人员乔装爱好古物收藏的富二代与程盗墓接触。程盗墓透露说，文书有十三卷，分别存在五个人手里，开价一百二十万。而侦查人员得知，前期曾有人出价七十多万元购买过。为了吊住他的胃口，侦查人员说：行，我给你一百万，但文书得收全了才能要。急于出手的盗墓贼就把所有的东西凑在一起，准备成交。

当年12月28日晚，专案组开始收网，五名涉案人员全部抓捕归案，十三卷文书也被追回。

专案组一审，这伙盗墓贼就交代出来还有四卷在北京，怎么卖的、怎么扣的、怎么退的，最后把来龙去脉说得清清楚楚。

第二年7月5日，专案组成员赶赴北京，找到了北京的买家。手里拎着手铐，动之以情晓之以理，那买家就自认倒霉，把剩下的四卷老老实实地交了出来。至此，十七卷"徐谓礼文书"终于凑齐了！

自徐谓礼下葬的1254年，到出土的2005年，中间间隔了七百五十年。出土后又流浪了七年，最后，这份文书收藏在浙江省金华市武义县博物馆里。

为什么徐谓礼文书穿越了七百五十年后仍不毁不损呢？

我们过去说中国纸"纸寿千年"，是在干燥的地方，在传世的条件下，保存得好可以放一千年；但如果在潮湿的江浙地区，别说千年，搁在地下几年就烂得没魂了。纸质文物在下葬后极难保存。

徐谓礼文书能保存下来，有几个条件。首先，它在被盗之前，完全处在封闭的环境之中。墓室本身就是三合土建筑，三合土主要的材料是熟石灰、黏土和沙子，跟现在的混凝土差不多，填实后还进行了勾缝浇注，完全成了一个密封的盒子，防水、防气、防侧漏（图5）。

图 5 徐谓礼墓室木棺

不光墓葬严实，这文书还严实！它被卷起来，外面包裹着宣纸，然后做了一层封蜡。封蜡不是把蜡烧成水，在上面涂抹，而是把蜡熬成一锅水，然后把文书直接搁蜡锅里。

在古籍收藏中，素来有“一页宋纸，一两黄金”的说法。这里说的“宋纸”是宋版书，就是当时的印刷品。而这“徐谓礼文书”可是十七卷手书长卷！

现在大部分人的收藏只注重观赏性，不像古人和专业人士那样，注重学术性。所有的文物中，最有价值的一定是文字。文字直接反映了那个时代的特征，不需要再去破译。比如我们看到一个瓷器、一个玉器，需要重新破译当事人是怎么想的，从某种意义上讲是猜测。但带有文字的文物，就不需要再去猜想。

所以，我们对中国历史上所有带有文字的文物都极其重视，比如甲骨文、青铜器上的金文、秦汉时期的简牍、隋唐时期吐鲁番的文书，还有明清存储的那么多的档案，这些对研究当时社会制度和文化都是非常有价值的。但这么多年，就一直找不到宋代文书。徐谓礼文书填补了这一空白，尤其对南宋官制的研究，非常重要。

徐谓礼文书不经意间介绍了当年大量的史实。在整个宋代三百年间，唯一可以看到一个真实的、纸质的、手写的、个性化的宋代文书，就是这一本。而且它不具创作，少有粉饰，凸显了文物的真实性，真实性正是它被定性为国宝的价值所在。

033

隋·嵌珍珠宝石金项链

中国国家博物馆藏

扫码听我讲
国宝故事

1957 年，中国正处在建设的高峰期。当时百废待兴，大家都对新的东西特别感兴趣，对旧的东西没啥兴趣。那时候跟现在正相反，现在是一发现古迹，大家就特兴奋，但过去发现古迹就没人理。

当时在西安城西的梁家庄附近，意外地发现了一座墓葬，但这个墓葬

图 1 李静训墓出土器物

究竟是谁发现的，怎么发现的，没人关心，所以今天也就没留下太多纪录。之后有人就通知了中国社科院考古所。考古所去了，发现这座墓葬的等级规格特别高。

打开墓葬后，发现在墓室正中放着一个宫殿式的石棺，打开棺板出现一条已经腐烂的丝被。丝被下面覆盖着一具尸骸，因为个子不够大，可以判定这是一个小孩。孩子头上戴有金银珠花，颈部有一条嵌宝石的金项链，两手腕各佩戴一只金手镯，周身被奇珍异宝环绕（图 1）。

其中这条嵌宝石的项链出土时震惊了世人。因为它太精美了，精美到无以言表（图 2）。它由各色宝石和黄金镶嵌而成，而且工艺和材质都不是中国的。有一点很奇怪，这条项链今天看起来，应该是成年人的项链，

图 2 隋代 嵌珍珠宝石金项链
中国国家博物馆藏

并不是给孩子戴的，然而墓主人是个小孩。大人和小孩儿的项链有什么不同呢？小孩儿的项链顶多就是一堆珠子串起来的，不嵌那么多宝石，而这条项链上镶嵌各类宝石，明显就是成人戴的。一千四百年来，这条项链就安卧棺中。如今，这条精美绝伦的项链珍藏在中国国家博物馆。

这是谁家的孩子？身份怎么这么牛？出土的墓志帮我们解答了这些疑问。墓志始于秦汉时期，但早期的记录都比较简单，隋唐之后，就变成一篇完整的悼词了。

通过墓志，我们可以知道这座墓的主人，是个小女孩，名叫李静训，只活了九年。陇西成纪人，就是今天甘肃天水人，死于隋朝大业年间。她的曾祖父是李贤，北周骠骑大将军、河西郡公；祖父是李崇，一代名将，年轻时随北周武帝平北齐，后又与隋文帝杨坚一起打天下，官至上柱国，按现在的说法，就是个大元帅，在抗击突厥的战争中，以身殉国。隋文帝杨坚念李崇为国捐躯，对其子李敏倍加恩宠，自幼养于宫中。李敏多才多艺，《隋书》上说他“美姿仪，善骑射，歌舞管弦，无不通解”。

开皇初年，宇文娥英选婿，李敏在数百人中被选中，后被封为上柱国。李静训就是宇文娥英和李敏所生，她出生后并未由父母抚养，而是由姥姥杨丽华带入宫中。杨丽华是隋文帝杨坚的长女，她也曾是北周的皇后、皇太后。她是李静训短短一生中最重要的人。

北周是南北朝时期的一个朝代。南北朝时期从公元 420 年到 589 年，长达一个半世纪以上，是中国历史上的一段大分裂时期，也是一段民族大融合时期。南朝宋、齐、梁、陈；北朝北魏、东魏、西魏、北齐和北周。政权除了有汉人统治外，还有匈奴人、鲜卑人、羌族人等。

北周即为鲜卑人宇文家族统治的政权。建德二年（573 年），北周武帝宇文邕为皇太子宇文赟纳娶杨丽华为皇太子妃。这父子二人的名字看着不同，发音有点儿接近，一个邕 [yōng]，一个赟 [yūn]。

五年后，父亲宇文邕去世，儿子宇文赟即皇帝位，册封杨丽华为皇后。可他这皇帝不好好当，自己就当了一年，二十一岁时就把皇位传给了自己七岁的长子，自称“天元皇帝”，立杨丽华为“天元皇后”。紧接着，他先后立了四位皇后，与杨丽华形成“五后并立”的局面。

这杨丽华性格柔顺，不妒忌，搁谁这事儿都得妒忌，但她还真不妒忌，所以其他四位皇后以及后宫中的其他嫔妃都很敬重她。可宇文赟昏庸暴虐，喜怒失常，总是无故责备杨丽华，而杨丽华举止安详，言语态度既不告饶又不服软，让宇文赟更加愤怒。有一次，他竟赐杨丽华死罪，逼她自杀！杨丽华的母亲闻讯后，急忙进宫，为她求情，直到叩头流血，杨丽华才免于一死。

太上皇又当了一年，这宇文赟就病倒了。杨坚到宫中侍候，乘机假传圣旨任命自己辅佐朝政。杨丽华本担心大权旁落，对自己不利，得知此诏令，心中先是高兴，后来发现父亲有异心，就很是不满。杨丽华本是一国之母，如果他爹得逞，她就成公主了。果不其然，杨坚篡夺北周天下，建立隋朝，是为隋文帝。杨丽华虽然愤懑，但也无可奈何。

从情感上讲，隋文帝对这个女儿心中有愧，让女儿由国母变成公主，所以就想方设法地弥补她。一开始，隋文帝封杨丽华为乐平公主，后来隋文帝想让杨丽华改嫁，但她坚决不同意。此时，杨丽华心灰意冷，人生最大的寄托就是她的独女宇文娥英。这宇文娥英到了婚嫁的年龄，隋文帝亲自下旨为这个外孙女选婿。据说，每天都有数以百计的贵公子聚集到杨丽华的弘圣宫，由她亲自为女选婿。杨丽华坐在帷帐之中，让参加选婿的贵公子们做自我介绍，并试他们的技艺。最后李敏被杨丽华相中，选为女婿。

李敏假借一品的羽仪，其礼就如娶皇帝的女儿。后来李敏侍奉隋文帝饮宴，临去前，杨丽华对女婿李敏说：“我把天下都给了皇上，就你这么一个女婿，我当为你求柱国之职。皇上如授你别的官，你可千万别应承。”

等到觐见隋文帝时，隋文帝亲自弹琵琶，让李敏歌舞，十分高兴，就问杨丽华："李敏现任什么官啊？"杨丽华回答说："他只不过是个白丁罢了。"隋文帝对李敏说："现在授你仪同之职。"李敏不应承；隋文帝又说："不满你的意吗？现在授你开府。"李敏依然不应承；隋文帝说："女儿对我有大功啊，我又何必对这孙女婿吝惜官职呢？那现在就授你柱国之职！"李敏这才拜谢隋文帝。

李敏和宇文娥英后来生下了李静训，杨丽华看这个婴孩太可爱了，似乎又燃起了对生活的希望，就把李静训带入宫中，亲自抚养，教习礼仪，非常疼爱。但李静训命不好，没有活到成年，九岁就去世了。

从李静训墓出土的随葬品来看，我想当时的葬礼一定非常隆重。小小的李静训躺在石棺里，日常所用之物悉数随葬其中（图 2）。悲痛欲绝的杨丽华看着自己一手带大的李静训，想她从此再无法陪伴左右，于是就从

图 2 隋代 金银珠花头饰 中国国家博物馆藏

颈项上解下自己最心爱的项链，给李静训戴上，就如同姥姥还陪在外孙女的身边。

这条项链，周径 43 厘米，重 91.25 克，华贵无比，美不胜收。链身以多股金丝编成，并镶有 28 个嵌珍珠的金球，每个金球又由 12 个小金环焊接，环上饰金焊珠。下端有一组垂饰，有红玛瑙、蛋白石、青金石等，垂饰的每块饰板周边也饰有金焊珠。这些装饰风格充满了异域色彩，与中国的传统工艺风格大相径庭。以它的风格而论，可以追溯到西亚地区甚至是希腊文化。

金项链上端的扣钮中间，镶嵌凹雕大角鹿的青金石。大角鹿不分布在中国，主要分布在欧洲和欧亚交接、俄罗斯西北部地区。凹雕这个技法也流行于古代两河流域和伊朗，而当时的青金石主要产地是阿富汗地区。这条项链无论从设计、工艺、材料，都表明它肯定不是中国制作的。

图 3 隋代 白釉双螭双腹瓶 中国国家博物馆藏

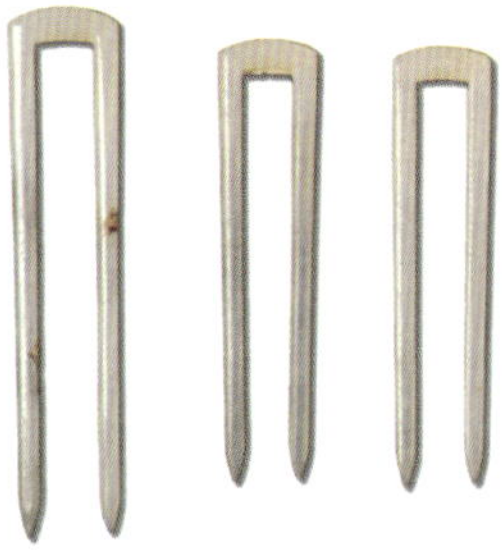

图 4 隋代 玉钗 中国国家博物馆藏

图 5 隋代 兽形玉佩 中国国家博物馆藏

同墓出土的，还有异域风格的金手镯、金银高足杯、波斯萨珊银币等外国遗物，透露出强烈的中外文化交流的信息。隋唐时期，经济发达，文化繁荣，政策开放，中外交往异常频繁。中亚、西亚等国的使节、商人、学者、僧侣不断地往来，这条金项链就是各国文化交融的产物。

李静训墓，墓室为长方形竖井坑，就是从地面上，向下挖一个长方形的土坑作为墓室。墓室深度近三米，墓主人的石棺就盛放在此墓室中。讲究的棺椁都是两层，内棺外椁，木棺石椁。但李静训墓中是石棺和石椁。早期棺椁都是木质的，你看这两个字都是木字边，后来才是石质的。李静训的石棺雕刻精美，堪称石雕艺术品。这个墓葬里还出土了各种人物俑、动物俑共八十四件。瓷器还有十七件，件件制作精良，是隋代瓷器的上乘之作（图 3）。当然，还出土了大量贵重精美的首饰，有金手镯、金戒指、玉钗、水晶头钗，以及琥珀、玛瑙、玉石等不同质地的饰品（图 4、图 5）。

中国古代盛行厚葬，好东西都往地底下埋，这也导致后来盗墓成风。但李静训墓很幸运，一千四百年来未被盗掘，这才让我们看到一座奢华的墓葬，了解一段悲情的历史。

034

南宋·龙泉窑青瓷茶碗

日本东京国立博物馆藏

扫码听我讲
国宝故事

这回讲的这件器物，是南宋时期烧造的，全名叫“龙泉窑青瓷茶碗”，它有个独特的名字叫“蚂蟥绊”（图 1）。“蚂蟥”就是水蛭，到南方潮湿的地方，谁看见都怕它；“绊”，是指捆绑，古人称马腿被绑住为“羁”，牛脚被捆住为“绊”。我们今天常说“羁绊”，就是打这儿来的。

这件“蚂蟥绊”的青瓷碗，可以说是最著名的残器之一了。它的名字源自碗下钉入的锔钉。日本的江户时代，相当于我们的明晚期到清中晚期，有位学者叫伊藤东涯，在 1727 年的时候写了一篇《蚂蟥绊茶瓯记》。他记载道，安元初年，大概是 1175 年，武将平重盛向中国宋朝育王山布施黄金。作为回礼，佛照禅师以本碗回赠。他的这个记载，引用了日本著名的《平家物语》（图 2）。

《平家物语》跟我国的《三国演义》很像，都是对历史加以文学性的描述和扩充，然后在民间广为流传。故事里的平重盛，姓平，名重盛（图 3）。

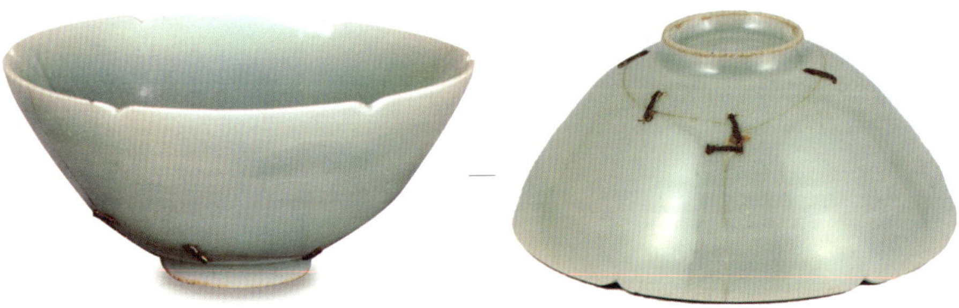

图 1 南宋 龙泉窑青釉花口碗 日本东京国立博物馆藏

图 2 约 18 世纪 《平家物语》绘卷 日本林原美术馆藏

平家是日本史上最有权势的家族之一，桓武天皇的后代。桓武天皇做的最有名的一件大事，就是把都城从奈良迁到了京都，开创了平安时代。

日本从平安时代起，有四大氏族——“源、平、藤、橘”，分别是源氏、平氏、藤原氏、橘氏。其中源氏和平氏，是皇族降为臣籍后的姓氏。所谓“降臣籍”就是从原本的皇族，降为臣民，并被赐予姓氏。日本的皇族是没有姓的，只有名字。

平重盛的父亲平清盛，官至太政大臣，独揽大权，类似我们中国的宰相。他的妹妹德子，嫁给了高仓天皇，贵为中宫，还生下了安德天皇。《平家物语》中，把平重盛描写成一位温柔善良、沉着冷静的文武全才。

这位全才是信佛的，他说：“在自己的国内，无论积多大善根，想让子孙后代都相继为自己祈祷冥福，是很难实现的。为修后世冥福，我想在

图 3 约 12 世纪 平重盛像
日本京都神护寺藏

国外也多积些善根。”于是他从镇西召来一位叫妙典的船主，屏退旁人，单独会见。你看人家这境界，做好事一定不能让外人知道，这才是真正做善事。

平重盛准备了三千五百两黄金，他说：“听说你是一位非常正直的人，这其中五百两先送给你。其余三千两你要拿到宋朝去，将一千两施与育王山的僧侣，还有两千两献给皇帝，就当是向育王山捐赠田地，为我祈祷冥福吧。”他祈求的“冥福”，就是死后的福气。如果你相信来生，就要多行善事，追求冥福。

妙典奉命带着黄金西渡，不远万里，成功来到大宋，见到了育王山的住持佛照禅师，并说明来此地的缘由。佛照禅师甚为赞叹，随即把一千两黄金赠送给僧侣，两千两黄金献给了皇帝，还详细奏明了平重盛的心意。当时的皇帝，大概是南宋的孝宗赵昚，他大为感动，就将五百町田地赏给了育王山。这五百町是日本的计量单位，换算过来大概有七千五百亩地。

日本受中国的影响，极为信奉佛教。隋唐时期派遣隋使、遣唐使过来，每条船上都有随行的僧人。到了宋代，官方就不再遣派使节了。虽然没了公派的外交官，但民间的交流还是非常繁盛的。由于宋朝都城南迁，临近海岸线，更容易跟日本交流了。

宋朝，日本很多僧侣来到中国，他们不光是来学佛法的，还要学习我们先进的制度和文化。日本的制度跟我们有些不一样，室町时代的将军家是掌有实权的，而管理将军家大小事务的，就是临济宗的僧侣。

著名的临济宗寺院有相国寺、天龙寺、建仁寺等等，往往这些寺庙里都藏有国宝级的美术品。这些僧侣有点像今天说的公务员，大至国家运营管理，小至将军家艺术品的储存摆放，都是由这些人来做。所以宋朝来中国的僧侣，都相当于日本的高级公务员。

通过平重盛布施黄金这件事，我们可以知道，平家是权倾朝野，享尽了荣华富贵，为了积善根还往国外送钱。但平家的得势，却加剧了与源家的矛盾与冲突，掀起了内战，史称“源平合战”（图 4）。同为皇裔的一

图 4 17 世纪 “源平合战”图屏风 日本兵库县立历史博物馆藏

家人内讧，平家被源家灭了族。后来源家掌权，建立了镰仓幕府。

诸事无常，盛者必衰，平家的故事就此告一段落。据说当年平重盛获得的这只龙泉窑青瓷碗，两百多年后，辗转到了室町时代的第八代将军足利义政手中（图 5）。将军获得此物之际，因为碗底已有裂痕，觉得可惜，就派人送回中国，请求换取一只相同的碗。

这个时期，大约已到了我国的明朝中期，因为当时已没有能力再烧造这么好看的青瓷了，被迫使用锔钉将裂痕修补好送回日本。

龙泉青瓷从颜色上看，可分为四个时期：北宋、南宋、元代、明代，都略有不同。最好的时期就是南宋。

南宋的龙泉青瓷是历史的巅峰，佳品被称作“梅子青”，颜色好看得无以形容。但南宋的青釉配方，由于种种原因，随着时间流逝，丢掉了，我们自己也烧不出来了，才给它打上锔钉，又送回日本。补上的锔钉宛如硕大的蚂蟥，蚂蟥是两头细中间粗，这锔钉也是两头细中间粗，因此得名“蚂

图 5 15 世纪 足利义政像
日本东京国立博物馆藏

蟥绊”。人工造就的缺陷美，反而使这只茶碗的评价越发高了起来。

无论是故事中平重盛的平安时代，还是后来足利将军的室町时代，日本人都没见过这么好看的瓷器，他们看到如此漂亮的青瓷，受了很大刺激。中国的青瓷所追求的是主观色，自然界中是没有的。对于没有见过这种青色的人，看到蚂蟥绊这样的碗，是非常大的视觉冲击。即使有裂痕，也舍不得丢弃。

我们跟日本的审美有很多不同。在中国，如果一只碗有裂痕，可能随手就丢了。如果修补，大多数也是用锔钉。但打锔钉是个非常难的活儿，我小时候观察过，见过锔缸锔碗，必须是有一定厚度的整器才能锔，使用金刚钻，还不能把瓷器打透。我见过锔钉最多的是一个康熙大碗，有六十多个钉。所以有俗话就说：“没有金刚钻，就别揽这瓷器活儿。”

在日本，即便残器，也会非常珍惜。日本有一种修补技术叫金缮，就是用漆把破损的地方补全、黏合，然后打磨，再在黑漆上面上金漆，非常能突显日本人所追求的残缺美（图 6）。

这只打了锔钉的青瓷碗，被足利义政将军视为珍宝，之后又赏赐给了他的专属医师吉田宗临。为什么给医生呢？医生救命啊。吉田宗临是后来在安土桃山时代发家的实业家角仓了以的曾祖父（图 7）。

角仓了以，原名叫吉田光好，祖上四代都从医。从曾祖父宗临开始发展副业——土木工程业。祖父这一代人以“角仓”为家号，相当于自己商店的商标，家里有些人就自称“角仓氏”。严格用“角仓”作为姓氏，是从角仓了以开始的。日本人对姓氏没有我们这么执着，升官发财、结婚生子的情况都可能改姓。

当时吉田家生意做得很大，需要出航到东南亚各国做贸易。安土桃山时代，由丰臣家颁布政府公文，准许出海，但丰臣政权垮台以后，就是德川的天下。

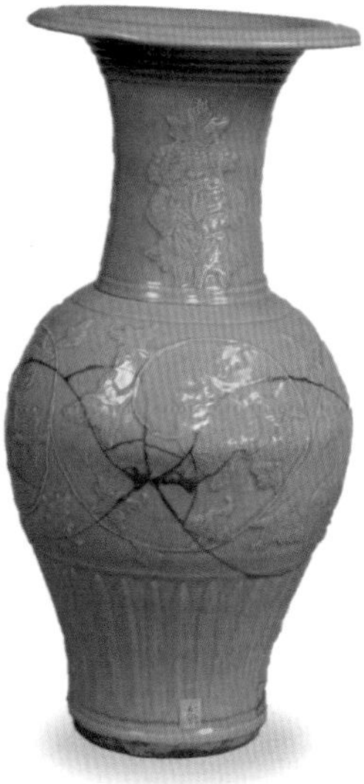

图6 南宋－元 龙泉窑青釉模印花卉纹凤尾尊
日本东京国立博物馆藏

德川家康为了稳固自己的政权，四处安抚人心。他在京都召见了吉田家的家主，希望吉田家也能辅佐幕府。在德川家颁布的公文上，首次出现了“角仓了以”的名字。也许是为了顾全德川家康的颜面，表示自己对新政权的忠心，了以就从“吉田”改姓为“角仓”。

角仓家在江户时代，一直收藏着祖传的“蚂蟥绊”青瓷碗。直到1846年，角仓家分为东西二家的时候，这只碗转为东角仓家所有，之后被室町三井家收藏。三井高大就成了这只碗的新主人。

室町三井家可谓大财主，比如今天到日本看见的三越百货、三井住友银行等等，都是三井家旗下的。三井高大跟茶道家交情很好，1950年举办的茶会上，还使用蚂蟥绊茶碗敬奉过茶。

此碗的传承脉络非常清晰。第一个拥有者是平重盛，第二个是足利义政，第三个是吉田宗临，第四个是角仓了以，第五个是三井高大。这其间经历了约八百年的历史，传承有序，可见日本人对这件器物的珍爱和重视。

1970年，三井高大去世。他的妻子遵从其遗愿，将此碗捐献给了东京

图 7 日本京都岚山的角仓了以像

国立博物馆。如今我们去日本东京国立博物馆，还能看见这只蚂蟥绊青瓷碗，仍对它的故事津津乐道。

在日本，同时期龙泉瓷收藏非常多，为什么这一件被评为重要文化财呢？因为日本人看重的，是它背后的故事。当年的日本人不知道，以为碗破了，换一个新的就成了。结果没换成，技术改变了。很多瓷器，风格演变是逐渐形成的，每个人所处的时代，就是一瞬。但过去的人，在这八百年中，是一步一步慢慢改变的。日本人因此认为：人文历史，比器物本身更有价值。

虽然平重盛布施黄金的故事在日本很出名，但那究竟是传说还是真事，谁也不敢断言。据可考的史料来看，这只青瓷茶碗确实是从足利将军家流传至角仓家的（图 8）。原配包装盒里放着涂漆的垫子，还有垫上辅助的缎子，都是产自中国。可以证实，这只著名的茶碗，曾经是从中国运往日本的（图 9）。

我常说，历史没有真相，只残存一个道理。这只身有裂痕，还打了锔

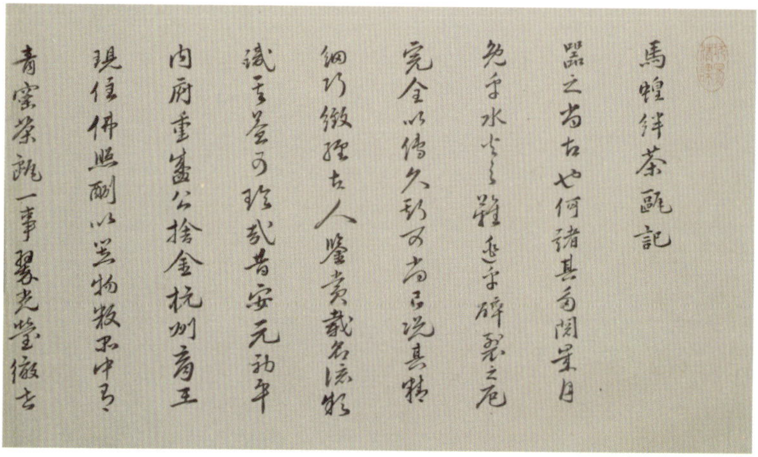

图 8 《蚂蟥绊茶瓯记》（局部）

图 9 “蚂蟥绊”的原配包装

钉的龙泉青瓷碗，被历代日本人珍藏至今，给了我们一个提示：文物，只要它携带足够的信息量，就具有极大的价值。在文物的诸多价值中，比如文化价值、历史价值、经济价值，我们更应该看重它的文化和历史价值。

035

战国·青铜杜虎符

陕西历史博物馆藏

扫码听我讲
国宝故事

2008年，北京奥运会前夕，一家大型通讯企业找到我，说："马先生，能不能给我们推荐一个古代的、跟通讯相关的文物，作为奥运会的宣传？"

我当时跟他这么说：现代通讯是个无形的传输，比如拿手机打电话，谁也不知道人都在哪儿，想跟谁沟通跟谁沟通；但在古代，相对都比较有形，比如烽火狼烟、马上飞递，怎么都能看得见。

通讯自古到今要解决的就三个问题：第一个问题叫"速度"，你以多快的速度传播；第二是"容量"，你要传递多大的信息；第三就是"保密"。

前两个问题，我们今天都已经解决了，但对第三个"保密"问题，我们今天仍然非常头疼。

之前讲过"吕后印玺"，说古代传送书信的时候，得用封泥加盖印章来保密。但要是传达军事命令，就不能这么简单了，因为人命关天。

如何才能确认来者说的是真的呢？他的信息是以信使的身份传递的，不是皇上直接告诉我的，那我作为领兵大臣，怎么判断这个信息是否正确呢？

那就要通过皇上身边的亲信专门去宣告，同时，还要有一个凭证，这个凭证就是像老虎一样的兵符——"虎符"。比如陕西历史博物馆就有很重要的一枚，被称为"杜虎符"（图1）。

当时我就把这事儿介绍给奥运会了，奥组委听后很高兴，问能不能把陕西的虎符借来展一段时间，一定非常有意义。后来这家企业听了我的建议，就把虎符借来办了一个展览，大获成功。

图 1 战国 杜虎符 陕西历史博物馆藏

陕西历史博物馆馆藏的这枚“杜虎符”是哪儿来的呢？我们国家有很多国宝都是有套路来的，不是挖来的，就是捡来的。这枚虎符，它还真是捡来的！就在十三朝古都西安。

1975 年的冬天，当时西安郊区山门口公社北沈家桥村有一个十二岁的孩子，叫杨东峰，在帮大人平整土地时，在地里头捡了一个绿锈斑斑的铜器。

东西不大，拿手里就可以攥着。杨东峰一看，这东西像一小铜老虎，外表还有点纹饰，觉得有意思，就拿回家了，给妹妹当玩具玩儿。

他妹妹就玩了好几年，把这东西愣给玩熟了。什么叫玩熟了呢？我们先说关于“生坑”和“熟坑”的概念。

“生坑”就是说这青铜器或者玉器，是刚刚出土的（图 2）；“熟坑”，就是早年出土的，经过各种人的盘玩、把玩后，出土的痕迹都不清楚了。生坑和熟坑主要指的就是青铜器和古玉，陶瓷没有这概念。现在很多人鉴定不了熟坑的，只能看生坑的。

1978 年，杨东峰他们家想把它当废铜卖了，结果到收购站，还卖不到三毛钱，大家觉得不值当，卖的这钱也不管用，所以还是当玩具玩儿吧。

他妹妹玩儿了好几年后，就把这小老虎外面的锈给磨没了，露出了几个看不懂也看不全的金字，他家人也不怎么在意。

突然有一天，妹妹手重，“啪嗒”，这东西就打开了！以前锈在一起，现在一分为二。他们发现这东西里面不平整，一面带着凹槽；另一面，里头凸出一部分来。

这东西一打开，杨东峰就意识到，这可能是件好东西。他又仔细看了看老虎表面的那些字，说这东西一定是件文物！

杨东峰就和家人，带着这只小老虎去了陕西历史博物馆。恰好遇见了

图 2 西周 青铜裸人方奁（生坑）
山东博物馆藏

我国的考古专家、陕西省考古研究所研究员戴应新先生。戴先生看了以后说："这是古代了不得的一件虎符，古人用它调兵遣将。"

杨东峰一听很高兴，希望用这件东西给自个儿换一套绿军装，当时年轻人都希望自己有一套军装，这是一特酷的事儿。但博物馆方面说，我们上哪儿给您找军装啊？这样吧，奖励您五十块钱得了。

这件杜虎符就这样征集入藏了陕西历史博物馆，成为馆藏的一件非常珍贵的文物。

之前说，通讯从古到今就要解决三个问题：速度、容量、保密。第一个是"速度"。就是我怎么能让你以最快的速度知道。今天这个速度已经被压缩到没有空间，全球在网络支持下，所有的信息通讯几乎可以同步。

古代就不同了，古代速度最快的，不用问，是西王母的使者——青鸟。李商隐有诗："蓬山此去无多路，青鸟殷勤为探看。"其次是烽火台。汉代烽火台经常使用，点燃以后只要一冒烟就看见了，但是看不了多远，必须是目力所及。最有名的故事，就是周幽王的"烽火戏诸侯，千金买一笑"。还有"鸿雁传书"，靠鸟传递，但它会出现失误，这鸟不定飞哪儿去了。除了鸟以外，历史上还有"黄耳传书"，就是让自家的狗给传递信息。观复博物馆的门窗馆就有这样的故事，但这不贴谱儿（图3）。

贴谱儿的当然是差人送去。

历史上最著名的用人送信，就是"马拉松"。中国人过去用人送信，长途传递只靠人不成，还得骑马，要快就得骑马。骑马那时候需要驿站，所谓"三十里一换马，五驿一换人"，就是这个道理。

传递公文时，每隔一二十里就设一个驿站。一旦公文注上"马上飞递"的字样，按规定要求三百里，遇紧急情况要四百、六百里，最快八百里，这指的是一天时间之内。传递紧急公文时，每个驿站都得用快马，沿途一

图 3 清代 隔扇门“黄耳传书”腰板 观复博物馆藏

到驿站，换马换人，要确保连续飞奔，必须将文件在最短的时间内送达。唐玄宗的时候，就是用这种古代皇家顶级快递给他心爱的杨贵妃送荔枝的。

第二个问题，是“容量”。

我们过去的通讯，有些倒也能及时到达，比如海军打旗语。但它容量很低，就几个符号，比如左拐、右拐、敌舰、友舰等等。

放烽火，点燃的一瞬间我们就知道了，但信息传递的容量，就知道一个事儿——敌人来啦！来多少？怎么回事儿？不清楚。

当然，“容量”这个问题今天解决了。我们经常发信息，一个压缩包打过去，你二十四小时都看不完。

那就剩下最后一个问题——“保密”。保密的问题到今天我们都没办法解决。古代更是为了信息保密伤透了脑筋。

古代的保密工作，第一要保证信息在中途不会被打开看。要封锁信息，所以就发明了封泥。

在造纸术发明之前，我们并没有使用现在的信封，写的信息是在竹简和木牍上，被夹在两块鲤鱼形的木板中。两块木板合在一起，用绳子捆绕三圈，打一绳结，最后在打结的地方用极细的黏土封好，再在上面盖上印玺，放在火上，烤至干硬，这就是我们所说的“封泥”。这就防止了在送信的途中被私拆泄密（图4）。

封泥主要流行于秦汉时期。魏晋以后，纸张开始流行，封泥就没作用了。封泥到现在，就演化成一种火漆，我们在很长一段时间还用火漆作为一个凭证。

第二，就是送达人怎么证明传送的信息是真的。

如果给你送去一个假情报，那不直接就把你害死了吗？我递一个假情报给你，让你撤兵，就让我不战而胜，这事儿可不成，所以古人就发明了“符”，采用了“合符”的形式。合符有点儿像现在对暗号，我们都知道那句著名的暗语：“天王盖地虎，宝塔镇河妖！”咱俩对上了，这事儿就成了。

打仗的时候，用兵符，也叫“虎符”（图5）。这种虎符，需要两人各持一半——所谓“右在君，左在将”，也就是说：右符在发号施令的人手里，左符在出征打仗的人手里。

中国历史上关于尊左尊右的说法并不是统一的，一会儿尊左，一会儿尊右。先秦那会儿，整体上还是偏向于尊右的，所以说“右在君”。

图4 汉代 “东平陵丞”封泥（背有简痕和绳痕） 山东博物馆藏

图 5 秦代 阳陵虎符 中国国家博物馆藏

两个符一对上，信使的话就得听了。而且，当兵符合二为一的时候，还需要皇帝或大王的亲信在身边，这号令才算管用。

“窃符救赵”的故事，就是虽有了兵符，但没有跟着的亲信，所以这个将领压根儿就不信。

故事大家都熟悉。战国末期，秦国想吞并六国，战争进行得愈加惨烈。在长平之战中，秦军大破赵军，最后乘胜进围赵国的首都邯郸，企图一举灭赵。这时候赵国向魏国求救，魏王派大将晋鄙带十万部众援救赵国。但又怕秦国报复，所以只让军队停留在邺城附近安营，名义上是救赵，实际上是抱着观望的态度，当个吃瓜群众。

魏王的弟弟——信陵君魏无忌知道这事儿后，就想得长远，觉得这事儿不能这么办，就让魏王的宠妃如姬帮忙盗取了魏王放在卧室里的兵符。之后魏无忌带着兵符前往晋鄙军中，要求代领晋鄙的兵马。晋鄙因没有看到魏王亲信一同前来，所以心里就犯嘀咕，说这事儿有点儿不大对劲。

大王不是说好了只是观望吗？不是没咱什么事儿，咱也用不着多管闲事儿吗？怎么这么快就变卦了呢？还让魏无忌来代替领兵？所以他就很怀疑这事儿，顺嘴反驳了几句。

于是，魏无忌的门客立即拿铁锤把晋鄙给击杀了。魏无忌夺取了兵权，率领十万精兵，奔赴邯郸，打败秦军，这才解了邯郸之围。

左右两部分兵符，合二为一，引出了我们至今仍大量使用的一个词，叫“符合”。这俩扣得上，符才能合，这事儿才能成；这俩扣不上，符就不合，这事儿就成不了。所以我们经常说“符合规定”“符合制度”，就是这么来的。

“杜虎符”来历清晰，并且身上的错金银工艺也相当精致，所以非常珍贵。杜虎符的“杜”，是个地名，在今天的西安市南。杜虎符是秦国铸造的，它长 9.5 厘米，呈现的是老虎行走的一个姿态。

在这枚“杜虎符”上，还有珍贵的错金铭文，共 9 行，40 个字。这些字的字体大部分是小篆。内容写的是：“兵甲之符。右才（在）君，左在杜。”这其实写的是这枚虎符使用的规则。

这枚兵符，右半符在君主那边存着，左半符在杜地的军事长官手里攥着，凡是要调动军队达五十人以上的时候，杜地的左符就要跟君王的右符会合，这才能行军令。但也有特殊情况：如果遇到紧急敌情，可以直接点燃烽火，不必去合君王的右符。

器物的铭文是以镂刻的阴文呈现在老虎身上的，再将金丝嵌入阴文之内，最后打磨光亮，虽然历经两千多年，仍熠熠闪光。

现在有两个问题。

首先，这枚杜虎符究竟打没打过仗？执行没执行过命令？这些，我们都不得而知。

然后，就是它为什么会在西安出现，让杨东峰捡到？无非有几个可能。

第一种可能，它是在君王或者将军的墓葬中出土，之后又丢失于此；第二种可能，它根本就没进墓葬，当时的将军带兵打仗，中途丢失于此；第三种可能，就是历史上持有它的将领历经兵败以后，将它遗落于此。

甭管哪种可能，这枚“杜虎符”肯定是中国通讯史上一个极为重要的信物。

虎符的作用，我们都很明白了，就是要取信于对方。它在我们今天的生活中显得尤为重要，我们今天的生活中非常缺乏的就是信任。虎符采取的原则，是左右二者“符合”在一起。出现的这个词“符合”，在我们今天的生活中，仍十分重要。

036

北宋·淳化阁帖

上海博物馆藏

1980 年代，中国出国留学的学生逐渐增多。到了 80 年代后期，苏富比、佳士得两个拍卖行中，就偶尔能看见留学生的身影。

过去的拍卖场，人坐得稀稀拉拉，那时候的人没事儿不去拍卖场。所以一进去，有一个中国面孔，就会很显眼。当时，书画拍卖场有个留学生，在拍场内紧盯着拍卖，但他什么都不买，就静静地看着。这就引起了一个叫安思远的大买家的注意。

在一个偶然的机会下，拍卖行拍一个法帖，这个留学生冷不丁地就伸了一下手，结果就花了一两千美金，买到了这件东西。

安思远就凑过去问他，说："你买的这是什么东西啊？"这个人说："这是拓本。"安思远又问："这是干吗用的呀？"他说："这是每个中国人写字时候的范本，照着这个写。"他怕安思远听不懂，又补充了一句，"就是我们写字的圣经。"

安思远这一下听懂了，就问这个留学生："你多少钱买的呀？"留学生一算，说："我加上佣金，三千美金。"安思远说："这么着吧，你买的这东西，加一万美金，卖给我吧。"这留学生就呆了，说天下能有这么大的好事吗？安思远接着说："以后你见到这拓本，你要是买得起，你就买，你买不起呢，你就替我买。你做我这方面的顾问，我付你佣金，不能让你白忙活。"

你想啊，这个人当时就是个留学生，没啥钱，他肯定很愿意帮忙，所以就陆陆续续地帮安思远买碑帖拓本。安思远每次都给他加点佣金，年底还给一个顾问费。安思远嘱咐说：“看到最重要的东西一定要通知我。”

当时的拍卖场上，碑帖几乎就没人动，因为外国人看不懂。碑帖在过去中国收藏里都是学问最大的，俗称“黑老虎”，非常难搞懂。以前的收藏家，一说是玩碑帖的，其他人都得肃然起敬（图 1）。

过去玩碑帖的人，都身份极高、学问极大。老一代人都对碑帖充满了无限的敬意。这一代人现在都走光了，比如启功先生、朱家溍先生、史树青先生等等。

碑帖有版别之分。比如宋朝拓的就叫“宋拓”，元朝拓的就叫“元拓”，

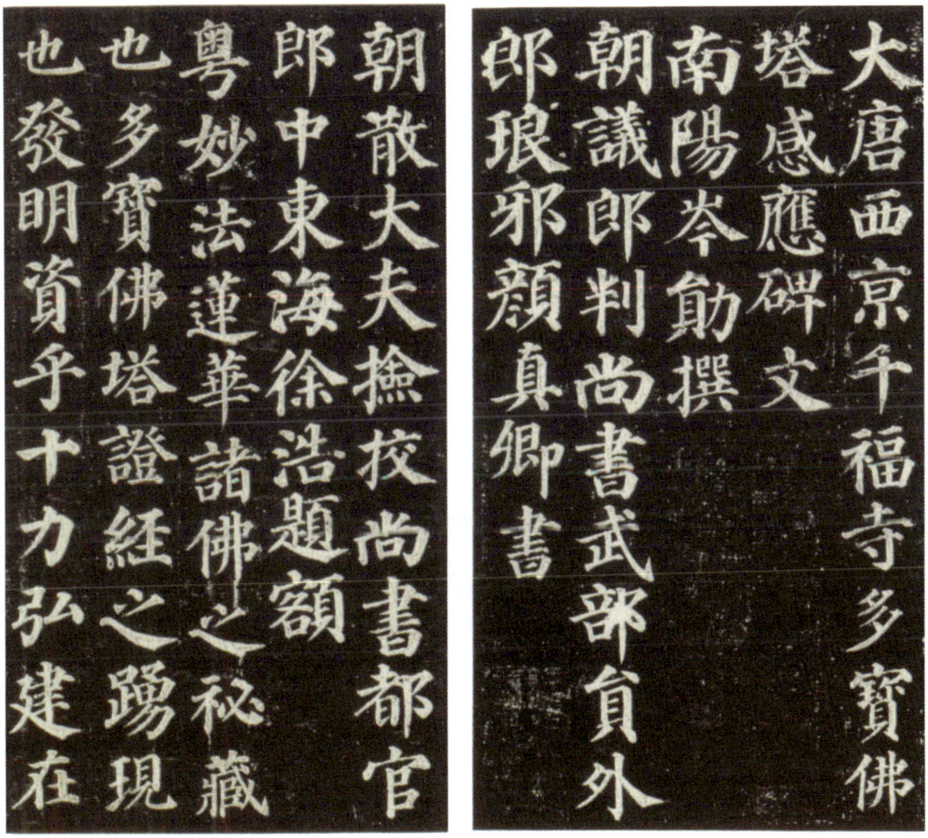

图 1 北宋 《多宝塔碑》拓本 首都博物馆藏

还有“明拓”“清拓”，同样一块碑，这价格可差得非常远。过去一说宋代，收藏就是宋拓、宋画、宋字、宋缂、宋版，一说宋，全是贵的，没有便宜的。现在如果这些东西重出江湖，依然有高价。

我们现在说的大部分法帖，基本上是后人根据前人的墨迹，双钩描摹以后，刻在石板或者木板上，然后拓下来装订成册，作为写字临摹的范本。这可以说是中国古代最精良的印本了。

这事儿到了 1990 年代。终于，大鱼出现了！

在 20 世纪八九十年代，苏富比、佳士得的纽约拍卖录上，后面几页经常是碑帖。为什么碑帖在国外多呢？因为国内大多数给毁了。国外，人当时都是当宝贝带出去的，隔上个两三代人，觉得这东西没什么用，就拿出来给卖了。所以碑帖就经常出现，《淳化阁帖》这条大鱼就是这么出现的（图 2）。

《淳化阁帖》的第四卷，是李启严先生的旧藏。李启严先生，当年是香港著名的收藏家。1967 年前后，老先生移居加拿大。1984 年，他去世了。到了 1992 年，他的后人归置家里的东西，就把他的碑帖拿出来给卖了。

图 2 北宋《淳化阁帖》 上海博物馆藏

《淳化阁帖》出现在拍卖场上的时候，价格比较高，尽管碑帖没人认，但这东西还是有一定的价格。它就没人买，因为没人懂。这个留学生就跟安思远说，《淳化阁帖》特别重要，以前出现的所有拓本加起来，都不敌这个值钱。安思远听了就说："那咱把它买喽！"

《淳化阁帖》又叫《淳化秘阁法帖》，一共有十卷，是我国最早的书帖。淳化三年（992 年），宋太宗下旨，让翰林院侍书王著从宫廷内秘阁所藏的历代名家书法中挑选出精品，拓印装订成帖。

这是以当时最高文人的认知去选择的最佳书法。从某种意义上讲，《淳化阁帖》是把宋以前的书法给了一个定论：他挑出来的，全是好的。王著挑了一百多个人，共四百多篇汇集到一起，编成了《淳化阁法帖》。

宋代比较注重文化建设，离唐代又近，所以唐以前的很多墨迹都在。中国书法到了唐代完全成形，后面的人都是在摹前面人如何写字，严格地说，后面的人没有一个人能写过前人。

欧阳询、褚遂良、颜真卿、柳公权这些人的字，后面的"苏黄米蔡"都是在这路子之下了，不是在这路了之上。这《淳化阁帖》涵盖了行、楷、草、隶、篆等字体，王羲之、王献之、欧阳询、柳公权这些人家都在里头。

当时，《淳化阁帖》印数不详。没有记载，究竟印了多少不清楚，但按照一般推论，也就几十份。拓印的《淳化阁帖》，宋太宗只赏赐给了亲王大臣，过了段时间，赏赐就停止了，所以当时这法帖就非常珍贵。

又过了五十多年，宫里发生了一次火灾，《淳化阁帖》的原版以及宫中所藏的名帖、原作都烧没了，留存于世的北宋祖刻本《淳化阁帖》就更加珍稀。

安思远看到这东西以后，下决心出大价钱。他在 1994 年买下了《淳化阁帖》的第四卷，次年又买下了《淳化阁帖》的第六、七、八卷。前前后后，这四卷一共花了 30 万美金。30 万美金，在那个年月里，对一般的中国人来说，是一个可望而不可即的价格。《淳化阁帖》到现在还缺六卷，大家可以想想办法去找，找到了一卷，就不是这个价钱了。

介绍一下安思远这个人。安思远是美国的古董商人，被称为“中国古董教父”。

他 1929 年出生，2014 年在曼哈顿的公寓中逝世，享年 85 岁。他这辈子没结过婚，也没有子女，所以没有继承人。

安思远 19 岁的时候认识了当时纽约重量级的古董商爱丽丝 · 庞耐，他给这老太太当助手。过去，1990 年代，苏富比拍卖中国书画的时候，很多拍品上犄角旮旯都盖着一个庞耐的章。有庞耐章的东西都贵。

庞耐是纽约最早的东方艺术品的经营者，亚洲艺术品的交易和鉴定的元老级人物。她出生在费城，祖父是个实业家，她 22 岁的时候继承了祖父设立的信托基金，婚后和丈夫共同在纽约开设了美国最早的经营中国艺术品的画廊，对中国艺术品的推广起到了不可磨灭的作用。

见的人不一样，眼界一定就不一样。庞耐带着安思远入门，安思远的起点就特别高。他 20 岁的时候，庞耐又送他进耶鲁大学学中文。当时教他中文的老师叫王方宇，是研究八大山人的专家，“安思远”这个中文名还是王方宇给他起的。后来，安思远辍学，去搞古董生意了，慢慢就成了美国的中国古董界影响力最大的人。

买下这四卷《淳化阁帖》后，安思远就想马上转手卖出去。他不是藏家，所以他一定要谋求一个善价。当时这个帖，说白了，除了中国人没人买。如果是西方国家的博物馆想买这个，人家直接就去拍卖场拍了，你一定买不过人家的博物馆。

1996 年的秋天，安思远带着《淳化阁帖》到北京故宫博物院展出，当时书画界的大佬都看了，启功先生特别激动。启功先生说了这样的话，他说：“我都没有想到，我在有生之年还能看到它。”启功先生生于 1912 年，2005 年去世。他是中国文物鉴定委员会的主任，身份排第一，他都说了这样的话。

过去老先生看纸本文物的时候，都手捂着嘴，轻易不说话，怕唾沫星子溅上去。这都是规矩。

故宫博物院这个展览结束后，故宫很想顺势留下《淳化阁帖》。当时安思远就开了价钱，故宫一听，说："我们接受不了，您这价钱太高。"安思远就说："还有一办法，可以拿故宫里淘汰的文物跟我来换。"当时国际市场家具正热，他就说你拿点不用的家具跟我换也成，或者，拿几件一般的瓷器跟我换也成。结果故宫没法计算这价钱，弄来弄去，没有换成。

我们说的这本《淳化阁帖》是祖本。什么叫祖本呢？就是祖宗之本，最早的那本。后来乾隆三十四年还重刻过，民国也还在刻，这些后来的价值都不太大（图 3）。

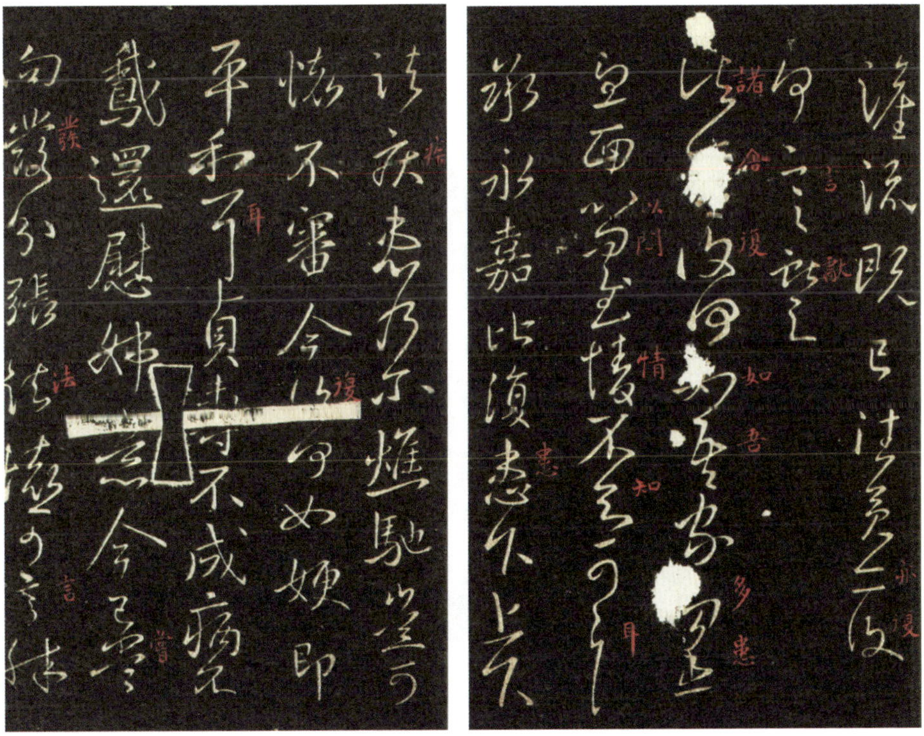

图 3 明刻本《淳化阁帖》（局部） 故宫博物院藏

上海博物馆非常老派,《淳化阁帖》一直是上海博物馆重点找寻的对象。这次展览,上海博物馆就注意了。听说故宫没有谈妥,上海博物馆先后辗转委托了很多人,拐弯抹角地去美国和安思远商量,但都无果而终。

后来,上海博物馆听说国家文物局外事处的处长王丽梅跟安思远私交很好,就委托她从中斡旋。王丽梅三番五次地赴美国跟安思远交谈,终于达成了这桩买卖。

安思远考虑到《淳化阁帖》对中国的重要性,也希望《淳化阁帖》能够入藏上海博物馆,于是开出了一个条件。他说:"我原来想,《淳化阁帖》至少卖 500 万美金,由于王丽梅女士的出现,我愿意自动打九折,450 万美金允许上博购入,其他价钱就不再去谈。"

据说这消息透露出去以后,国外的很多博物馆和拍卖行都跑来跟他商量,还有一些日本收藏家都愿意出比这个更高的价钱,但安思远并没有出手。安思远是个商人,但他对中国文化还是有感情的。

2003 年 4 月,在启功先生、王立梅女士等人的奔走促成下(图 4),

图 4 王丽梅女士与安思远、启功先生

安思远的《淳化阁帖》四卷，终于以 450 万美金的价格卖给了上海博物馆。这个价格刷新了当时中国书画作品的世界纪录，《淳化阁帖》回归事件也被启功先生认为是 1949 年以来最重要的文物回归。

上海博物馆购藏的这四卷《淳化阁帖》，是全世界仅剩的初刻拓本。第四卷是初唐名臣之作，六、七、八卷均是摹刻书圣王羲之书迹的专卷。王羲之亲笔墨迹至今荡然无存，而六、七、八这三卷拓本中保存了许多失传的王羲之的书迹，共有 170 帖之多，是我们了解和研究王羲之最重要的历史文献。

拓本的研究，比如什么什么本，越往后，就越没有前面的清楚。因为拓本的原拓是最清楚的，翻刻就不如原拓。而每拓一次，都会伤及石头或木板的表面。比如，字在拓的时候要湿水，湿水过多，石头就容易爆裂。过去，一旦出了重要的墓志，先拓五张，这叫初拓本。然后再拓就不是初拓本，是二拓本了。原石随着年代的推进，不断地损毁，所以后面拓的拓本远不如前面的拓本有价值。

再有就是翻刻本，前面说过，《淳化阁帖》乾隆翻刻过，民国也翻刻过。翻刻本是把原来的拓本拿来，照着再刻一本，再拓。翻刻跟原拓的差别是微乎其微的，但这种微乎其微的差别就是它的玄妙所在。

拓本中经常会提到“乌金拓”“蝉翼拓”，其实这说的是用墨的浓淡。墨色厚重，乌黑发亮又有质感的拓本称之为“乌金拓”；墨色淡而均匀，像蝉翼一样轻盈的拓本就称之为“蝉翼拓”（图 5）。

北宋祖刻本《淳化阁帖》，是皇家用拓印的方法第一次印刷的，珍贵至极。《淳化阁帖》是乌金拓（图 6）。宋代以后，这十册《淳化阁帖》在后来的一千年对中国书法发挥着巨大影响，历朝历代的文人以拥有它为荣，以观赏它为幸。《淳化阁帖》入藏上海博物馆，算是完成了一个历史使命。

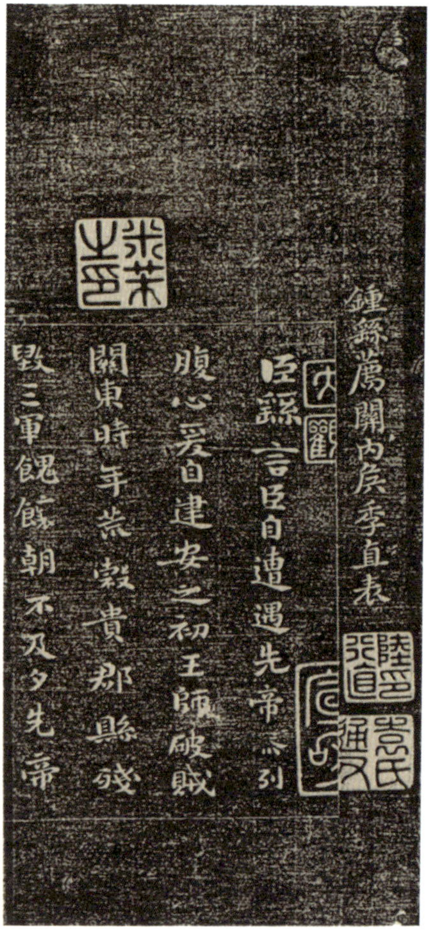

图 5 明刻《火前本真赏斋帖》（局部）（蝉翼拓）故宫博物院藏

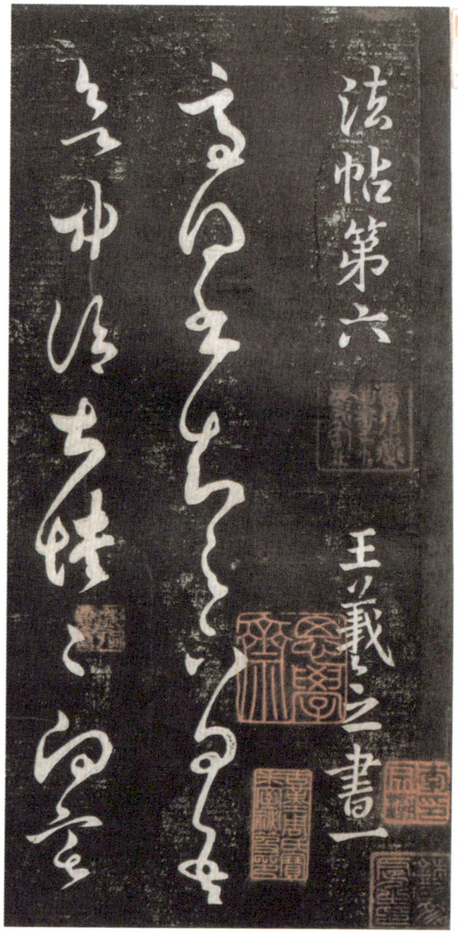

图 6 北宋《淳化阁帖》（局部）（乌金拓）上海博物馆藏

037

新石器时代仰韶文化·彩绘鹳鱼石斧图陶缸

中国国家博物馆藏

扫码听我讲
国宝故事

这件国宝比较有意思，看着很不起眼，就是一特土的陶缸（图 1）。稍微不注意，这东西可能就给毁了。好在这件国宝被发现的日子比较好，它赶上了好时候——改革开放。

1979 年的正月初八，河南临汝县阎村的李建安在集市上买菜，偶然听到一个老人说，村里移种苹果树时，发现了很多陶片。说者无意，听者有心。吃完早饭，李建安也去了苹果地，想挖着试试。

李建安当时二十多岁，他不是普通的农民。1978 年，他被纸坊公社招收为合同制工人，分配到公社文化站当文化干事。由于工作需要，李建安曾被派往洛阳，学习过文物知识。同年 10 月，他又随洛阳地区文物处，到纸坊乡中山寨村大墓群参与考古发掘。所以李建安在挖陶器之前，就对文物工作有一定经验了。

到了苹果地，他先在别人挖过的苹果树坑里捡了一些红陶片，后来干脆亲自动手挖。挖了一天，他一共挖出十三个颜色不一、高低不等的陶缸和尖底瓶。这些陶缸和尖底瓶大部分是素面的，所谓“素面”，就是没有任何图案。唯独一个陶缸上有图案，上面画了一只鸟、一条鱼，还有一把石斧。他觉得这些东西都是老物件，就把这带图案的和那不带图案的，全搬到自己家的院子里。

可李建安在清理陶缸的过程中，发现里面装有骨头，根据查找到的资

图 1 新石器时代仰韶文化 彩绘鹳鱼石斧图陶缸 中国国家博物馆藏

料，他认出这种东西叫“瓮棺”。瓮棺葬是利用陶瓮作葬具的埋葬形式，在新石器时代中晚期广为流行。李建安的家人觉得瓮棺阴气太重，放到家里晦气，叫他赶紧把东西送走。于是，他把这些陶器转到纸坊公社的一间办公室内。李建安的一个同事知道后就问：“你弄这玩意，下这么大功夫干啥？它能值几个钱？”李建安觉得从地里挖出来的东西怎么也算个文物吧，就说：“这东西可是宝贝，你是不懂的。”

此后一段时间，李建安多次与临汝县文化馆联系，看他们能不能把这东西给收了。但当时临汝县的考古工作比较滞后，工作人员对这些陶器也缺乏了解，所以这事儿一拖就拖了快一年。

到了 1980 年的春节前，临汝县文化馆让李建安把陶器运过来，李建安就兴高采烈地用自己的自行车拖着架子车，骑了一个多钟头才把这批陶器运到了文化馆。临汝县文化馆馆长接收了这批东西，同时赠送李建安五双线手套当作奖励。

赶上这年秋天，河南省专项调查组进驻临汝县。调查结束后，一份署名“临汝县文化馆”的《临汝阎村新石器时代遗址调查报告》的文章，把这件带有纹饰的陶缸提得很高。“这件陶缸上的纹饰是迄今发现最大的一幅原始社会时期的彩陶画……它不仅为研究我国原始社会以及石斧的使用与安装提供了极为可贵的实物资料，而且在我国绘画史上也是一件罕见的珍品。”

这篇文章，没想到很快就在《中原文物》杂志 1981 年的第一期上刊登了。正是这篇文章奠定了“鹳鱼石斧图”的研究基础，引起了国内外学者的广泛关注。随后，“鹳鱼石斧图陶缸”被紧急上调到河南省博物院。后来国博知道了，把它调入中国国家博物馆，这件举世闻名的陶缸最终就存放于此。

这件陶缸上画的是什么，为什么能被这么重视？实际这上面就三个主体，左边画了一只鸟，现在多数人认为是鹳鸟，嘴里叼着一条鱼，右边画了一把带把儿的石斧，纹饰非常简单。但这件陶缸非常奇特，高 47 厘米，体量在彩陶里面也算是大个儿了，所以它的纹饰画得就特大，在中国已知的彩陶中能画这么具体、这么大的，仅此一件。

其他彩陶多是几何纹、涡纹，要么就是直线的表达（图 2）；要是有动物形象，也很细小或者抽象（图 3）。而这件作品对鹳和鱼都有细节描写，比如鸟和鱼的眼睛、鱼鳍、鱼鳃，都有清晰体现；还有那把石斧，连石斧与木棍捆扎的方法都表现出来了。

这件陶缸的纹饰画法也基本上是按照绘画的方法来画的，比如它有“勾线”，有“填色”。所以这件“彩绘鹳鱼石斧图”不仅反映了人类童年绘

图 2 新石器时代马家窑文化 彩陶涡纹双耳尖底瓶 甘肃省博物馆藏

图 3 新石器时代仰韶文化 彩陶鹿纹盆 西安半坡博物馆藏

画萌芽时期的艺术风格，而且以其气势表现了中国史前彩陶画艺术的最高成就。在它出现的三十多年里，关于它的赞誉无数——“中国最早的彩陶画”“中国最早的国画”“中国画的开山鼻祖”，盛誉无限！

除绘画技法上与当时的画法截然不同外，内容上主体之间看似是分开的，但其实是有关系的。鸟嘴里衔着个鱼，前面有个斧头，这三者之间的关系，凭借我们今天的常识是勾连不起来的。鸟和鱼之间的关系比较明确，鸟就是吃鱼的，但鱼和斧子或者鸟和斧子之间，好像没有什么必然的关系。所以，依我们今天对远古社会的认知，难以有明确判断。新石器时代没有文献，或者说没有文字保留下来，我们现在能见到的最早文字是商代的甲骨文，这陶缸的历史比商代还久远，所以目前所有的观点都是猜测，或者是按逻辑来推理。

有种观点说，这白鹳是首领本人所属氏族的图腾，鱼是敌对氏族的图腾，所以才有鹳叼着鱼。石斧是权力的标志，是首领所用实物的写真。这个首领生前，曾率领白鹳氏族同鱼氏族进行过殊死搏斗，最终取得了胜利。当时的人便将这些事迹寓于图画之中，记录在首领本人的瓮棺上，通过图腾形象与代表权力的石斧的组合，来表现重大事件，以纪念首领的英雄业绩。这种猜测，是基于人类文化积累的认知，就是常说的“弱肉强食”法则，来推出的。

但多年来对于“鹳鱼石斧图”的解释都没有结论。有人认为那鸟，不是鹳，是鹭鸶；也有人认为石斧是表现权力的石钺，因为钺就是大的斧头，两者非常像（图 4）；有人认为这幅图上是当时农耕渔猎生活的工具，所

图 4 新石器时代 玉钺 安徽博物院藏

有的石斧都用来表示农耕；也有人结合考古学文化、古代神话传说以及商周青铜铭文来考察，认为这幅画表现了当时以鸟为图腾的部落和以鱼为图腾的部落之间的生死战争，还有人进一步认为这就是传说中的黄帝和炎帝之战的史实，而石斧则是黄帝部落联盟中所有部落共有的族徽和统一的标志。这些都是多年来学者对这幅画的解读。

然而，我们对这幅画的判断就是“没有判断”。文物研究中有一个观点，就是对一个事物的解读，要有同类型或者相关的文字来旁证，“孤证不证”。就像这幅“鹳鱼石斧图”，如果仅仅有它自己，而没有其他可以旁证观点的事物，就没法给出准确的判断，个人的观点仅仅是猜测。

这件东西比较明确的是，它是件陶器，不是瓷器。都说“陶瓷”，其实陶器和瓷器是两种不同的东西，两者是有区别的。陶器最大的特征就是它吸水，吸水率很高。我们家里的花盆，大多数都是陶的。瓷器的吸水率很小，如果用瓷盆养花，那花大多养不活，因为它不透气。要想用瓷盆养花，那花盆底下必须有几个孔帮助排水。陶、瓷的区别中还有一点，就是烧结温度。陶器一般在温度八九百度就烧成了，但瓷器则需要达到一千二百度以上。瓷器是在陶器的基础上发展起来的，我们直到今天也经常用到。最常见的就是吃饭用的餐具，大部分家庭用的都是瓷的。所以说，一部陶瓷史，就是一部中华文明史。

这件“彩绘鹳鱼石斧图陶缸”是件夹砂陶，就是陶土内加了砂子做成了这么一个缸。它为什么要夹砂？因为它不想加也得加。它原始的材料里就含有砂子。夹砂陶，严格意义上讲没有黏土烧造的那么致密，它比较糠，容易碎。这件陶缸出土的时候就碎成若干块，现在看见的是修复起来的。

它的年代比较久远，是一件来自五千多年前的新石器时代的作品。新石器时代是人类文明发展进程中的一个时期。就中国而言，原始社

图 5 旧石器时代 砍砸器
辽宁省文物考古研究所藏

图 6 新石器时代 有段石锛
山东博物馆藏

会分为旧石器时代和新石器时代。前者使用的是打制石器，后者使用的是磨制石器，这是最简单的区分。也就是说，到博物馆里去看，一看到那石头被打得有棱有角的，一定属于旧石器时代（图 5）；如果看那石头被磨得很光滑，那就属于新石器时代（图 6）。

由此可见，这件距今五千多年的彩绘陶器能够保存下来多么难得！由于它的极为特殊性，2002 年，它被列入国家首批禁止出国（境）展览的文物之中。

中国文物，历史悠久，覆盖面积极广。由于历史久远，很多小范围的文化留下来的证物不多，所以经常有孤例出现。像著名的“陶鹰鼎”，还有这件“彩绘鹳鱼石斧图陶缸”，都属于这类。尽管“孤证不证”，我们现在还不能很清晰地认识它，但并不代表我们没有过这样的文化。一只鹳鸟、一条鱼、一把石斧，可以演绎无穷无尽的中国故事。

038

新石器时代红山文化·蜷体玉龙

中国国家博物馆藏

扫码听我讲
国宝故事

1971 年农历八月的一天下午，内蒙古赤峰市翁牛特旗赛沁塔拉村的十七岁村民张凤祥和其他几位农民受生产队委派，到村北小山上去平整树坑。当时，张凤祥身强力壮，干活麻利，傍晚时，他就将其他村民远远地甩在了后面。他自己也觉得累了，就坐下来歇息，随手就翻身边的土，发现这里全是鸡蛋大小的石头。张凤祥觉得好玩，一边翻，一边把石头往外扔。

突然，“哗”地一下，漏下去很多土！他用手一扒拉，发现一块光滑的石板。他很好奇，怎么会有块石板？他就掀开了这块石板，发现一个用石头砌成的“井”字形的石坑。在石坑里，张凤祥找到了一块月牙状的东西，上面全是厚厚的土锈，黑乎乎的。他也不知道是什么玩意儿，以为是块铁。

收工回家的路上，张凤祥拿着这东西给其他人看。有个村民拿到手里看，也觉得好奇，就用铁锹敲了敲上面的土，但怎么也敲不掉。他就说：“这么块破铁有啥用？”随手就给扔了。张凤祥当时并没有去捡，寻思着也没啥用。等快到家时，他又想：“那块铁怎么也得有一斤重吧？能卖几分钱呢。”于是，张凤祥又回去把那东西找了回来。

回到家，张凤祥就把这块东西扔在屋子的角落里。张家有兄弟五人，张凤祥是老大，最小的弟弟才四岁。后来为哄弟弟玩，张凤祥就把这块“锈铁”拴根绳，给弟弟当玩具了。

弟弟每天就拉着这块铁，跟在大人后面跑来跑去。玩了有十来天，这铁块上面的锈竟然给磨掉了，露出了墨绿晶莹的颜色。张家人一看，说这有点不得了，这不是铁，是块玉啊（图 1）！从那以后，张家人就不让小儿子拉着这东西到处跑了，而是把它当成宝贝藏了起来。张凤祥的父亲还专门扯了二尺红布，把这东西严严实实地包起来，锁在柜子里。

过了不久，张凤祥的父亲觉得应该把这东西交给生产大队。当时的大队书记看了说："这东西有啥用？你还是拿回去吧，要不然你就送到文化馆去，看值不值钱。"于是张凤祥和父亲又赶着毛驴车跑了十几里路，找到了文化馆的人。可当时接待他们的文化馆工作人员，也不认识这是什么，觉得真没什么用，就说："你们还是带回去吧。"

又过了一段日子，有一次，张凤祥的舅舅来串门，看见这东西说："这东西个头不小，要是把它截成四五个烟嘴，这一个玉烟嘴就能卖点钱。"

图 1 新石器时代红山文化 玉龙 中国国家博物馆藏

张凤祥一家一听就动心了，于是到处找人，想把它改成烟嘴。

从前，内蒙古的牧民有使用鼻烟壶和玉石烟嘴的习惯（图 2、图 3）。幸亏这玉不是白玉，透光性弱，加上又有绺裂，出不了上品的烟嘴。工匠就跟他说：“你拿它改烟嘴不值当的。”张凤祥的父亲说：“那就算了。”又把这东西拿了回来。

又过去一年，张家人还是不死心，捧着这块玉，又去找大队书记，要执意交公，说放在我们家也没地儿搁没地儿放的，我还是交了公吧。大队书记就说：“你上次去文化馆，可能是没找对人，你这回得去找馆长。”张凤祥的父亲又带着这块玉去了翁牛特旗文化馆，这次接待他的，是文化馆的副馆长。

副馆长看后说：“这是块玉，值俩钱，但不知道是啥玩意儿，这儿鉴定不了。要不您就先撂这儿，等我拿别处给你鉴定鉴定。”办完了交接手续后，文化馆就把它当成一件普通文物，锁在由废弃厕所改建的一个库房的箱子里。市里、旗里两级的考古专家虽多次对这件东西进行过研究，但始终没什么结果。

后来，昭乌达盟文物工作站站长在赛沁塔拉搞文物普查，听说这儿发

图 2 清中期 蜜蜡光素鼻烟壶 故宫博物院藏

图 3 清代 各式烟嘴 成都博物馆藏

现一件奇怪的器物，就专门到翁牛特旗文化馆仔细端详这件东西。他认为这东西是早期的龙，材质不是玉的，是石头的。

回来后，这位昭乌达盟文物工作站站长又向辽宁省考古所做了汇报。辽宁省考古所听说后很重视，派了几位专家来专门进行考察，这次有了结论。初步认定它是个玉龙，质地为青玉。

曾经主持过多项文物考古发掘工作的社科院考古所的刘观民先生知道这件事以后，亲自到赛沁塔拉进行实地考察。他看见这东西后，认为是属于红山文化的文物，价值巨大。这一下子就引起当地文化馆的重视，赶紧把这件玉龙转移到了文化馆的大厅里。

这事儿又过去十来年，红山文化的考古工作有了重大突破。在距离赤峰地界不远的辽宁省凌源县（今凌源市）和建平县交界处的牛河梁，考古人员挖开了一座五千多年以前的有陪葬玉器的古墓（图 4）。最引人注目

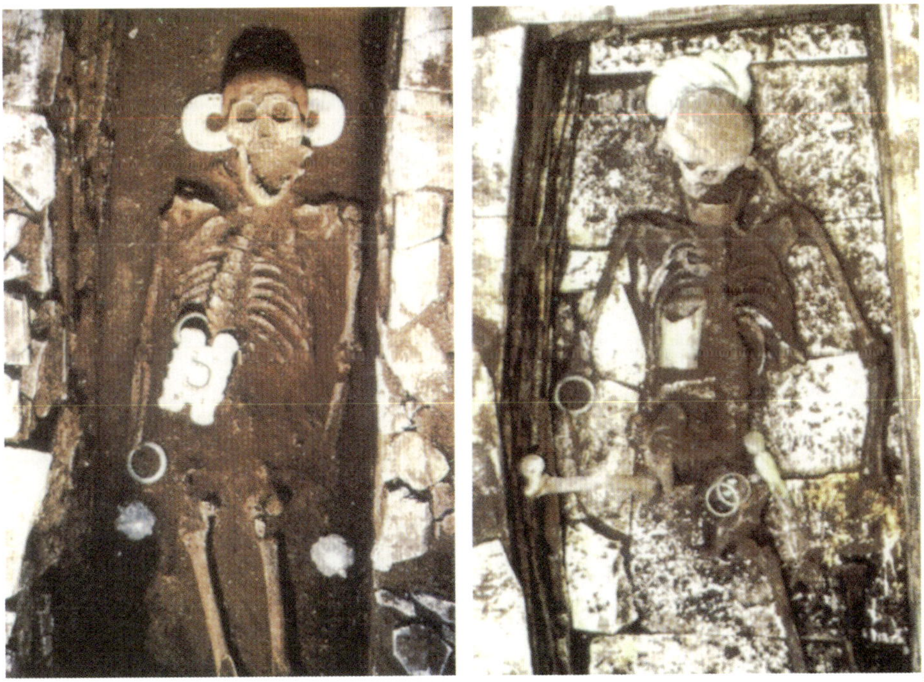

图 4 牛河梁古墓

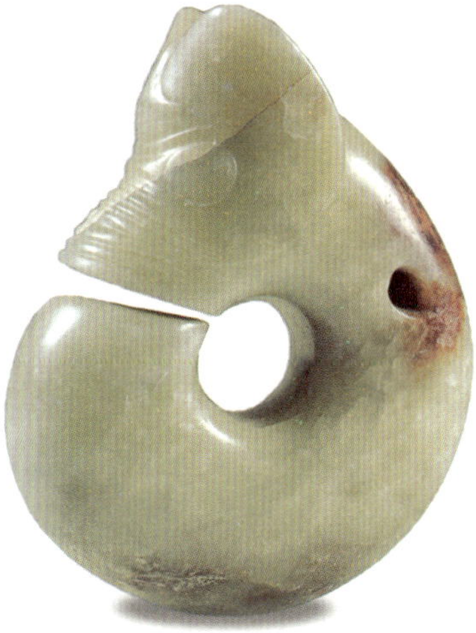

图5 新石器时代红山文化 玉猪龙
辽宁省文物考古研究所藏

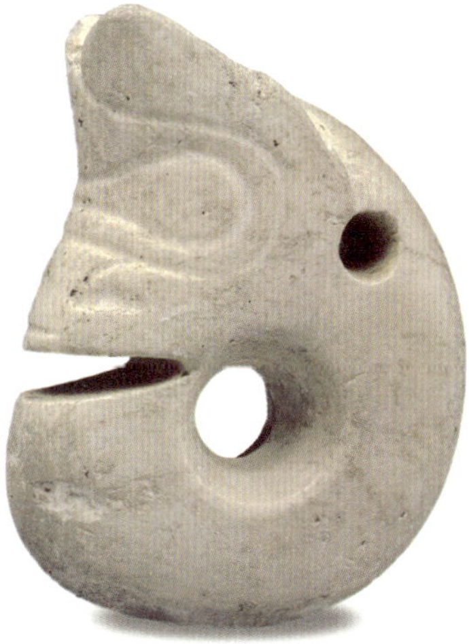

图6 新石器时代红山文化 玉猪龙
中国国家博物馆藏

的是，在墓主人的胸部摆放着两个精美的玉器。考古人员经过研究后，认为它们是属于红山文化时期的玉猪龙（图5、图6）。

玉猪龙，目前学界认为它是龙的一种早期形态。由于它的吻略微上翘，鼻子平切，头部特征与猪头相似，一般俗称为“玉猪龙”。

牛河梁发现五千多年前的玉猪龙的消息传到了翁牛特旗，当时文化馆的负责人突然想起1971年张凤祥挖出的那件玉器，他忽然意识到那件玉器极有可能是与牛河梁玉猪龙一样珍贵的文物。他就把这件玉器带到了北京，请苏秉琦先生来鉴定（图7）。

苏秉琦先生是中国著名的考古学家，他对红山的考古发现给予了特别的关注。苏先生看过后，说这是一件珍贵的玉龙，是一件非常重要的红山文化的遗物。确定这件文物的价值后，翁牛特旗文化馆写了一篇文章在文物刊物上发表。这一消息轰动了考古界，也惊动了历史界，从而引发了很多文物专家对这一文物的一系列研究。

图 7 苏秉琦

1984 年国庆前夕，这件珍贵的碧玉龙入选“建国 35 周年文物精品展”，被调入北京故宫参加展览。考古学泰斗苏秉琦先生在《人民画报》上发表文章，充分肯定了这件红山文化碧玉龙的重要历史地位。

至此，1971 年发现的这件碧玉龙，在被忽视了十多年后终于得以确认：它是一件可以上溯到五千年以前，由当时的红山人精心制作的、国内首次发现的“中华第一玉雕龙”！从此，它被命名为“红山碧玉龙”，名扬华夏，成了举世瞩目的无价之宝，而且多次被借调，在国内外展览。它那飘逸的造型、晶莹剔透的质感，得到了国内外的一片赞誉。

1989 年，文化部下发文件，指名要调走放在翁牛特旗文化馆的红山碧玉龙。翁牛特旗文化馆的领导接到文件后万般不舍，最终他们只能从大局出发，忍痛割爱，交出了这件无价之宝。

如今，这件神秘的远古时代的碧玉龙就在中国国家博物馆“古代中国展厅”里常年展出。

这件国宝很怪，形状若钩，学界一般认为它是中国龙的早期形态。但在红山文化时期，还没有文字记载这是龙。所以我们对这件东西形态的解释，一来是根据甲骨文中的“龙”这个字，甲骨文的“龙”字也是长吻蜷曲的造型；二是根据国人龙文化的情感来判定的。

古人把这件龙的身体做成蜷曲状，呈“C”形，所以也叫“C”形龙。它高26厘米，由墨绿色的岫岩玉雕琢而成，全身光洁。从其首部的特征来看，口部紧闭，吻部较长，鼻部前突，并向上起棱，端面截平，有两个并排的鼻孔。在这条碧玉龙的后背有一孔，经悬吊试验，如果在此孔中穿绳悬挂，

图 8 甲骨文的“龙”字

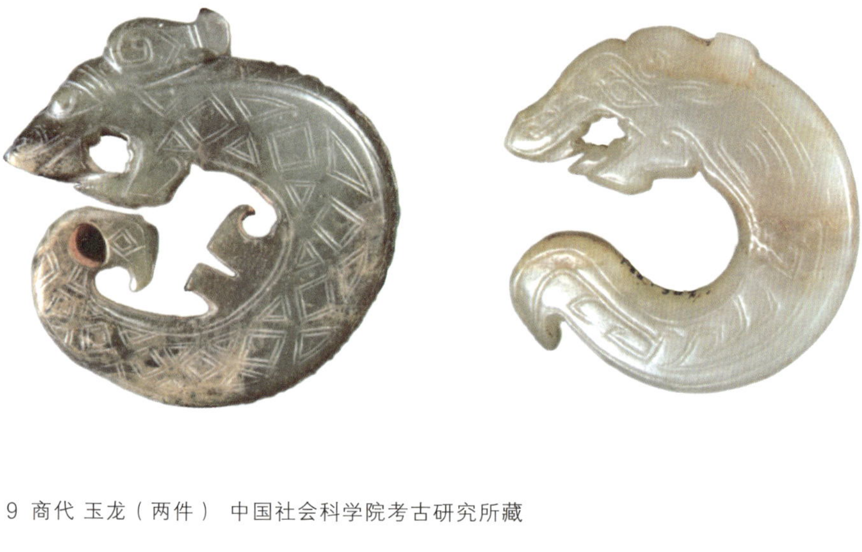

图 9 商代 玉龙（两件） 中国社会科学院考古研究所藏

图 10 新石器时代红山文化 玉龙 故宫博物院藏

龙的头尾恰到好处地处在同一水平线上。

关于龙的起源，说法不一，有蜥蜴说、鳄鱼说；至于龙首，则有来自马首、牛首或猪首说；关于龙的原型，有各种假说，有蛇、鳄鱼、蜥蜴、马、牛、猪、鹿、熊、虎，甚至有松树、云、闪电等等。这种种假说以及远古时代开始出现的各种龙的造型，使龙给人的感觉既真实存在，又如神话一般。数千年来，对于龙的研究始终没有一个定论。

商代甲骨文中的“龙”字和安阳妇好墓出土的玉龙都显示，龙是一种巨头、有角、大口、曲身的神兽（图 8、图 9）。新石器时代最符合这些特征的文物就属这件红山文化的蜷体玉龙，它有可能是龙的原始状态。由于这件玉龙造型生动，雕琢精美，是中国已发现时代较早的龙的形象之一，所以它就有“中华第一龙”的美誉。

这件玉龙具体的用途目前还不能确定，考虑到玉龙形体硕大，且造型特殊，因而它不是一般的饰件，很有可能同我国的原始宗教崇拜密切相关。

无独有偶，还有一件“C”形龙，它出现的时间比上面讲到的这个龙要早很多，今天藏在故宫博物院（图 10）。这件“C”形龙是傅熹年先生、他的父亲和他的祖父三代人的收藏。傅熹年先生的父亲傅忠谟先生是著名的古玉研究专家和收藏家，博学多识，一生精力都在收藏古玉上，曾著有《古玉精英》一书，后来由傅熹年先生整理出版。

1992 年，故宫博物院接收了傅熹年先生代表家人捐赠的近四百件玉器，其中就包括一件玉“C”形龙。这件东西当时出现的时候，没有人认识，就是因为它的造型奇特，难以解释跟我们的文化有什么直接关系。我们现在对几千年前的认知是根据当时的文字记载，由于甲骨文是商代出现的，我们对商代之前的很多认知还是一片盲区。尽管有文物出现，但它没有文字记载，要解释文字以前的文物是非常困难的。

这两件东西可以相互佐证，一件新出土，一件旧传世。龙的起源同我们中华民族的文化形成和文明时代的开启紧密相连，所以红山文化玉龙对研究龙的形态演变有着非比寻常的意义。中华民族一向喜欢以“龙的传人”自居，我们什么时候都愿意称自己是“中国龙”。

039

唐·嵌螺钿紫檀五弦琵琶

日本正仓院藏

这回说的这国宝，是一件乐器，是件全世界仅有的乐器，有“孤品”之称，现收藏在日本的正仓院。这就是光彩炫目、大名鼎鼎的唐代螺钿紫檀五弦琵琶（图 1）。

这五弦琵琶还是一件“御物”。御，是一种对帝王所做或者所用之物的敬称，像御用、御览、御赐、御驾亲征等等，这些都是指皇帝的，但在日本，将军所用之物也可称之为“御物”。这把五弦琵琶正是日本圣武天皇生前所用之物。

圣武天皇会不会弹琵琶呢？史籍上没有记载，但我想他会。为什么他会呢？因为连我都会，只要能弹出声就算会。有时候，我们不一定要听曲子，一有曲子，就会走神，因为情感会受到牵制，被带跑了。比如曲子是《一剪梅》，你立刻就会想到“爱我所爱，无怨无悔”。但你不会弹曲子呢，就是个声音，这声音叫“天籁之声”。

作为日本奈良时代的第四十五位天皇，圣武天皇（701—756）在位的时间有二十六年，自公元 724 年至 749 年。这时候正跟中国唐朝的开元盛世吻合。唐玄宗励精图治，开创了大唐王朝的第二个盛世。有唐一代，日本先后多次派遣唐使来中国学习。圣武天皇也不例外，他也派遣了遣唐使。

公元 733 年（圣武天皇天平五年，唐开元二十一年）4 月，遣唐使团乘船从九州南下，沿日本南方诸岛航行，向西北横跨中国东海，在长江口

图 1 唐代 嵌螺钿紫檀五弦琵琶（正、背面） 日本正仓院藏

登陆，然后沿运河北上，整个行程走了三十多天，甚至可能更多。到达中国的遣唐使团受到盛情款待，先是宴请接风，再由专差护送抵达长安，进宫拜见唐玄宗。

五弦琵琶就是这次遣唐使带回去的，但没有明确记录这把五弦琵琶是不是唐玄宗赠送给圣武天皇的。没有文献记载这事儿非常正常，中国没有，日本也没有。有这么几个可能：一种可能是这把五弦琵琶本来就不是唐玄宗送的；还有一种可能是有记载，但遗失了；再有就是当年遣唐使带回去的好东西太多，这五弦琵琶还算不上，不值当记载。

但从五弦琵琶制作之华贵来看，应该是作为国礼带回去的。你想啊，进入皇宫的遣唐使，在皇家乐队演奏时，发现了五弦琵琶，很喜欢，就想方设法带回了日本。要知道，日本本土的弦乐都比较单调，像三味线，它就三根弦。可唐朝的流行乐器琵琶是四弦的，还有这种名贵的五弦琵琶。

简单讲一点儿乐器上的知识。

五弦琵琶是个专有名词，它实际上就叫“五弦”，我们日常说的琵琶都是四弦的。《隋书·音乐志》上就说：“琵琶、五弦及歌舞伎，自文襄以来皆所爱好，至河清以后，传习尤盛。”这很明显，五弦是被单独列出的一个门类。

那么五弦琵琶比四弦琵琶好在哪里呢？它音域广，表达力强。关于这一点，唐朝大诗人白居易在长诗《五弦弹》中有非常贴切的形容，他说：

> 五弦弹，五弦弹，听者倾耳心寥寥。
>
> 赵璧知君入骨爱，五弦一一为君调。
>
> 第一第二弦索索，秋风拂松疏韵落。
>
> 第三第四弦泠泠，夜鹤忆子笼中鸣。
>
> 第五弦声最掩抑，陇水冻咽流不得。

五弦并奏君试听，凄凄切切复铮铮。

……

现在弹琵琶，都是坐姿竖抱，主要是听弹奏出来的音乐。可你看这把螺钿紫檀琵琶，使用了顶级的螺钿工艺。螺钿本身就是两种：螺和钿，一个厚，一个薄。这把五弦琵琶是厚嵌的，将螺壳、海贝磨成人物、花鸟、几何图形，或用文字形状，镶嵌在长 108 厘米、腹宽 31 厘米的琴身上。除去美丽的螺钿花纹，在腹面杆拨处还贴有玳瑁薄片，其上用螺钿嵌出一

图 2 嵌螺钿紫檀五弦琵琶（局部）

个骑骆驼抚弹琵琶的美丽画面（图 2）。

按理说，乐器的装饰越少越好，全素最好，越多越容易影响音色。这把五弦琵琶如此华丽，极具观赏性。由此可见，在唐代，这琵琶不仅是为了听，还是为了看。

怎么看呢？横着看。五弦琵琶一开始是横抱在怀里弹奏的。为什么横着？因为唐代人经常骑马、骑骆驼，在马和骆驼身上弹奏（图 3）。用一根带子挂在脖子上，想弹的时候就拨弄几下，不弹的时候就随行走的节奏晃来晃去，煞是好看！

你们知道琵琶为什么叫琵琶吗？有一种说法，说它模样像枇杷——枇杷润喉膏的那个“枇杷”，这是一种讹传。还有一种说法是，琵琶有两种演奏手法，“琵”是指右手向外弹，“琶”是右手往里弹，一个劈，一个扒，所以“劈扒劈扒”，就形成了琵琶这个乐器（图 4）。

图 3 唐代 三彩骆驼载乐舞俑
中国国家博物馆藏

图 4 五代 彩绘琵琶陶俑 成都博物馆藏

再有，你要注意，这把五弦琵琶通体是用紫檀做成的。说到紫檀，咱们第一反应就是紫檀家具。紫檀家具流行是明代中后期以后的事了，因为这时候出现了平木工具刨子，才能做出整块平整的木料。但是，作为硬木，紫檀出现得很早，可以上溯至商周时期。在做家具之前，紫檀就用来做乐器，它木质坚硬、纹理致密。紫檀非常适合琵琶的音槽，乐器不需要大料，所用材料都是人工抠出来的。正所谓：

浑成紫檀金屑文，作得琵琶声入云。

从孟浩然这两句《凉州词》中，我们就能感受到紫檀做出的琵琶音质优美，声调高亢。

可惜，五弦琵琶在宋代以后就失传了。千年以来，世人再也没有见过它，

图5 唐代 嵌螺钿铜镜 日本正仓院藏

图6 8世纪 蓝琉璃杯 日本正仓院藏

也没有人听过五弦琵琶。直到正仓院的螺钿紫檀五弦琵琶被公布，大家才有了眼福。

正仓院，位于日本奈良东大寺内，是圣武天皇敕令建造的。公元756年，圣武天皇驾崩，在举行四十九天的法会之后，光明皇后将圣武天皇的日常用品及珍藏品交由东大寺保管，东大寺遂将这批遗物入藏正仓院。

以此为基础，正仓院收藏的宝物有九千多件，它包含了服饰、家具、乐器、玩具、兵器等各个门类（图 5），其中还有从新罗、波斯等地运来的各种精品（图 6），所以正仓院被称为“唐代传世文物的宝库”。

古代藏品能传世的很少，战乱、火灾、水患、人祸，任何一样都是其不能承受之重。可正仓院的宝物保留下来了，这是为什么呢？

这首先得益于正仓院所处的环境及建造方式。正仓院是一处独立的院落，不与其他建筑相连，地面铺有细沙白石，大大降低了火灾的风险，要知道东大寺可是几经焚毁，多次重建的。

细沙白石是日本庭院景观枯山水必不可少的组成部分。枯山水，就是假山水，没山也没水，以石头为山，以细沙白石铺出流水的形状为水。可你知道一开始这细沙白石是做什么用的吗？防火防盗防暗杀。因为人走在细沙白石之上是有声音的，夜深人静时，声音巨大，自己走在上面都受不了。

其次，正仓院的木质结构是典型的干栏井干式，下部有 10 行 4 列直径 60 厘米的大柱子，将整个仓体托起有 2.5 米高，可以避开多雨时节的潮湿，避开虫蛇的侵害，使藏品保存完好。

这些都是自然条件，不是最重要的。最重要的是什么呢？是日本人对待宝物的那种严谨、认真负责的态度。我们老说态度是第一位的。一直以来，正仓院宝物的保护和管理都极为慎重，实行的是严格的敕封和开仓制度。除非有天皇的敕令，否则不得开启。

据档案记录，自正仓院开始收藏直至明治这一千多年间，只进行了十二次清点和曝晾。在绝大部分时间里，宝物都处于严密的保护状态。可以说，除了皇室和特定的人员，一般人是没有可能靠近与观赏正仓院的瑰宝的。说到特定人员，伊藤博文算一个，作为明治维新的关键人物，1868 年，在得到明治天皇的特旨后，得以进入正仓院，但他也仅是远观而已。

后来，为了尊重学者，允许各大学的教授在秋天，随同管理人员一同进入正仓院拜观。从 1946 年开始，每年秋天，奈良国立博物馆甄选历代藏品，举办一年一度的“正仓院展”，普通民众才有机会近距离观看这些稀世珍宝。

在打开宝库之前，会举行极为庄严肃穆的开封仪式：正装十四人的天皇敕使整齐排列，以缓慢的步伐走向正仓。行列中，第三名天皇敕使将双手举奉大皇之谕，以此开封宝库。

当时隔千年的唐螺钿紫檀琵琶再次出现的时候，不禁让我们感叹：

> 千呼万唤始出来，犹抱琵琶半遮面。……
>
> 同是天涯沦落人，相逢何必曾相识。……
>
> 别有幽愁暗恨生，此时无声胜有声。……

这些名句均出自白居易的名篇《琵琶行》，我们每个人几乎都读过此诗，但都没有见过真正的唐代琵琶。正仓院的这把螺钿紫檀五弦琵琶，让我们见面如闻其声，闻声梦回大唐。

040

唐·鎏金舞马衔杯纹银壶

陕西历史博物馆藏

先说一位唐朝的宰相——唐玄宗的宰相，他叫张说 [yuè]。我们称呼岳丈为“泰山”，这事儿跟他有关。

公元 725 年，唐玄宗封禅泰山的时候，张说是封禅使。按照惯例，封禅之后，三公以下的官员都要官升一级，而张说将自己的女婿郑镒由九品提升至五品。同僚看见就问郑镒，你怎么升得这么快啊？郑镒没辙，托辞说，这都是泰山的功劳。郑镒说的“泰山”是指封禅的泰山，但大家都明白是沾了岳丈的光。由此就用泰山代替称呼岳丈了。

图 1 唐代 三彩腾空骑马俑 西安博物院藏

张说既然做了唐玄宗的宰相，就得拍玄宗的马屁。他写过这样的诗："更有衔杯终宴曲，垂头掉尾醉如泥。"这写的是舞马，哪是拍马屁呀？好，没听出来拍马屁呢，就再说两句，前面有两句是这么说的："圣皇至德与天齐，天马来仪自海西。"张说将唐玄宗的德行与天相比。

这首诗是《舞马千秋万岁乐府词》，描述的是唐玄宗生日贺宴上群马起舞的壮观景象。舞马，就是让马跳舞。那会是个什么样了呢？在过去，我们没法想象。人跳舞都得经过很长时间的刻苦训练，还不一定能跳好，何况马呢！说到舞马，唐代有很多文物可以佐证，比如有打马球俑，有骑马俑，还有很多单独的马俑，蹄子抬得特别高（图1）。一开始我都弄不明白这马要干什么，现在想想它有可能就是跳舞。但这些都是间接表现的，只是有可能。直到何家村唐代窖藏出土了国宝级的文物——舞马衔杯纹银壶，我们才终于明白，原来舞马是这个样子（图2）。

说到窖藏，我们先来了解一下文物的出土形式，有这么几种：第一种大家最熟悉，叫墓葬，比如马王堆汉墓、中山靖王刘胜的墓、曾侯乙墓等等，这种很多；第二种叫遗址，比如河姆渡文化遗址、珠山御窑厂遗址、江口古战场遗址等等；第三种就是窖藏。窖藏有两类：第一类是塔基，像我们讲过的法门寺；还有一种就是特殊原因浅埋的，比如何家村窖藏、金鱼村窖藏。为什么埋这么浅呢？因为还想挖出来。当时因为战乱、兵匪等各种原因，匆忙将其埋下，先逃走。埋下的时候，人是准备很快就回来的，但天不遂人愿，没有机会了。

另外，还有文物是从水里捞出来的，叫出水文物。出水也分两种：内河和外海。海里多的是沉船，像南海一号、黑石号；河里又有两种，一种是河水里直接捞，还有一种是古河道里，经年累月，已经被流沙埋了的。

何家村的唐代窖藏是新中国成立以来最重要的一批窖藏。它的出土文物种类多，有各种金银器、银铤、银板、银饼、中外钱币、宝玉珍饰、贵

图 2 唐代 鎏金舞马衔杯纹银壶 陕西历史博物馆藏

重药材等等。它数量极大，有一千多件，而且保存完好（图 3）。保存完好很重要，有很多窖藏文物被发现的时候遭到了哄抢，可何家村唐代窖藏却一点儿都没有，为什么呢？

这就要从何家村唐代窖藏的所在地说起。它的出土所在地，当年是陕西省西安市南郊何家村省公安厅下属的某收容所。

1970 年 10 月 5 日，当时收容所正在搞基础建设，挖地基盖房子。当地基挖到距地表 80 厘米的时候，露出了一个陶瓮。这陶瓮有 65 厘米高，腹径有 60 厘米，挺大一个。打开一看，不得了，里面全是光彩夺目的金银器。紧挨着陶瓮的西侧，还有一个高 30 厘米、腹径 25 厘米的银罐，有西瓜大小，里面也有一堆器物。收容所的负责人立刻将这一发现报告了陕西省博物馆。

图 3 何家村遗宝

图 4 唐代 陶瓮（两件） 陕西历史博物馆藏

陕西省博物馆立马派了专家赶过来。专家看完以后就猜测，可能还有文物，咱们得继续挖，向着四面八方。这种窖藏跟墓葬不同，墓葬是有规律的，窖藏没啥规律，只能到处乱挖。果不其然，几天以后的 10 月 11 日，在陶瓮北侧一米多的地方，又发现了一个类似的陶瓮，里面也装满了各种文物。这批东西的命真好，是在收容所被发现的。人都出不去，东西当然出不去，所以也不会遭到哄抢，这位置决定了它的命运（图 4）。

这批东西的主人是谁呢？众说纷纭。先不要管主人是谁，这回讲的重点是这舞马。

关于唐代的舞马，我们没有动态的资料。现在能看到的就是盛装舞步——一种马术表演。

盛装舞步起源于公元前 4 ~ 5 世纪的希腊。当时希腊人为改善马的战斗能力而训练马的步法，无论战场上多么复杂多变，人和马都一定要气定神闲，展现出一种张力，所以他们对骑乘技术要求很高。

可到了和平时期，这种骑乘技术就演变成了一种表演，也就是现在的盛装舞步。“人穿盛装，马走舞步”，讲究“人马合一”，追求韵律与协调，具有很强的观赏性。到了 20 世纪初，盛装舞步渐渐成为一个竞技项目，1912 年正式成为奥运会的比赛项目。

我比较喜欢骑马，但盛装舞步是享受不了的。首先是马没那么好控制，一上马，这马就知道你会不会骑。马很欺负人的，一旦它知道你是生手，它就会吓唬你。比如我骑的有些有脾气的马，你一上它身上，它就觉得你比较生，然后它就开始发飙，开始蹭别的马，吓唬你。

国外的盛装舞步虽有两千多年的历史，但它真正成为表演，也就是近百年的事。而中国的舞马，比国外早了将近一千年。

根据《明皇杂录》的记载，唐玄宗在宫中驯养了一百匹舞马。每年八月初他过生日的时候——唐玄宗的生日是农历的八月初五，他生得好，正是秋高气爽的时候，在中秋节之前。玄宗是第一个将自己的生日定为节日的皇帝，称千秋节，历代沿袭，但叫法有很多变化，比如也有叫长春节、天宁节的，到了明朝被定名为“万寿节”。在清代，千秋节是指皇后和嫔妃寿辰的节日。

在唐代的千秋节上，把这些舞马身披锦绣装饰，让它们按着欢快的节拍，跳舞祝寿。跳到高潮的时候，舞马就会衔起酒杯给唐玄宗祝寿。可以想象，那场面非常地热烈，极为壮观。

唐代会出现舞马，是因为马在唐代的地位很高。唐代的贵族流行出行靠马，《虢国夫人游春图》描绘的就是杨贵妃的三姐虢国夫人骑马踏青游春的情景（图5）。

“五花马，千金裘，呼儿将出换美酒，与尔同销万古愁。”李白是销了万古愁，但给我们留下一题：五花马是什么马?

图5 北宋 摹张萱《虢国夫人游春图》（局部） 辽宁省博物馆藏

图 6 唐代 三彩马俑 中国国家博物馆藏

一种说法是这马有各种花色，跟色斑似的，这显然不太可能。因为无论怎么花的马，一般就两种颜色。还有一种说法，这马浑身都是打着旋的菊花毛，我们讲过唐太宗的拳毛騧 [guā]，就跟那似的。再有就是说，花是指马脖子的鬃毛上扎的花。但今天出土的所有唐三彩的马，都是三花马，从来没见过一件五花马（图 6）。

到底李白说的五花马是什么马？我们也不知道。甭管今天的学者怎么去解释，也没法证明李白说的五花马究竟是一种什么样的马。马是很贵重的，与千金裘平起平坐，相当值钱。古人讲究“事死如事生”，唐三彩烧造了大量的马匹作为明器。可以想见，在日常生活中，马和人有多么亲近。

接着说舞马。舞马当然很好看，有多好看呢？看看这件收藏于陕西历史博物馆的舞马衔杯纹银壶就知道了。

这壶不太大，高 18.5 厘米，口径只有 2.3 厘米，采用的是北方游牧民族使用的皮囊与马镫的综合形式。扁圆形的壶身顶端，有竖筒状的小壶口，上面盖着覆莲瓣式的壶盖。盖顶与弓状的壶柄以麦穗的银链相连，壶身下

图7 鎏金舞马衔杯纹银壶（局部）

焊有椭圆形的圈足。壶底与圈足之间有“同心结”的图案，圈足内墨书“十三两半”，这是这个壶用银的重量。

壶腹两侧是舞马图，马身健硕，长鬃披颈，前肢绷直，后肢弯曲下蹲，口中叼着一只酒杯，其上扬的马尾和颈部飘动的绶带显示出十足的动感（图7）。这跟张说诗里说的一模一样：“腕足齐行拜两膝，繁骄不进蹈千蹄。髬髵[pī ér]奋鬣时蹲踏，鼓怒骧身忽上跻。更有衔杯终宴曲，垂头掉尾醉如泥。”

有学者解释，这马把酒喝了就醉了。这说法把张说给气着了。这舞马是没有喝醉的，喝醉了还怎么跳舞？可以看到，这舞马是嘴里叼住那个酒杯，它自己能喝吗？我们自己一个人叼住一个酒杯也无法将酒杯中的酒喝到肚里，所以这酒杯里的酒一定是敬给皇上的。这只不过是一种文学表达，如痴如醉而已。

舞马虽然好看，但它干不了别的。公元755年，安史之乱爆发，唐玄宗仓皇逃往四川。长安被安禄山叛军占领，这一百匹皇家舞马就此流落民间，结局可想而知。

大唐遗宝中，这件舞马衔杯纹银壶非常独特，只此一件，是唐代马的历史上最重要的文物。我们讲“以物证史”，这就是以物证史的典型器物。很可惜，随着安史之乱爆发，中国的舞马文化永远地成了历史。

041

明·坤舆万国全图

南京博物院藏

1922年，清朝结束后第十一年，逊位的宣统皇帝爱新觉罗·溥仪还在故宫的养心殿，但已失去了对故宫的掌控权，住在里面只是个名义上的事情。结果，故宫里的很多东西就被折腾出来了，外人拿，溥仪自己也拿，他说故宫的东西多到拿不完。

那时，故宫博物院还没有成立，那段时间正好是北京古董业最兴旺的时候，每天都有惊喜。大户人家都奔了琉璃厂、东四、地安门，这些地方全是有名的古董店，每天有很多古董交易。正是这个时候，一大批西方人涌进中国，买走了大量中国文物，包括世界著名的博物馆，像大都会博物馆、大英博物馆，都是在这个时候可劲儿地收购中国古代艺术品。与此同时，北京的地摊也异常繁忙，就像改革开放后北京的潘家园、天津的沈阳道、上海的东台路一样。

北京的地摊文化有两种，一种是鬼市，一种叫晓市。鬼市是从半夜开到天亮，晓市是从天蒙蒙亮开到大亮。卖的东西也不一样。鬼市什么东西都卖，五花八门，盗来的、顺来的都有，就连王公贵族也去鬼市卖东西。为什么王公贵族选在鬼市上卖东西呢？他嫌丢人，毕竟家道没落了。为了防止遇见熟人，帽子都拉得特低，仨瓜俩枣的钱就将祖宗几辈子积攒下来的家业卖光了。

晓市比鬼市正经点儿，卖的东西以吃用为主，卖鸡蛋的、卖青菜的、卖粮食的、卖肉的，这有点儿像我们今天的早市。早市，晓市，想想还是古代的名儿好听，有文化韵味：“东方破晓，莫道君行早。踏遍青山人未老，风景这边独好。”晓市上偶尔也能碰见卖古董的、卖破烂的。晓市的货品一旦形成门类后，它必定会有一个固定的区域。

中国的自由贸易市场特好玩，只要形成了，它就自然有区域。所谓区域就是卖什么东西都会扎堆儿，这一片是卖菜的，那一片是卖肉的。要是有一个卖鸡蛋的敢混在卖古董的区域里摆摊，那很快就会被人赶走喽！

还有一点，晓市，政府承认；鬼市，政府不承认。潘家园市场就特别有意思，它介乎晓市和鬼市之间，是“晓鬼市”，或者叫“鬼晓市”也行。

北京过去的晓市因地理分东晓市、西晓市。东晓市在天坛北面，东起磁器口大街，西到鲁班胡同。每天鸡一打鸣，卖旧货、古董的人就来了，价格极其低廉，其中以卖衣服的为多。东晓市西边就是西晓市，西晓市是东晓市的尾巴，西晓市再往西就没影了。你别小看晓市，晓市上出东西，很多国宝级的古董就是在晓市出现的。

1922年，有一韩博文，不大，只有十六岁。十六岁在当时已经是大人了。穷人的孩子早当家，商人的孩子勤当家。以前商人是拿勤快换钱，所以很多商行都叫“勤行”。

韩博文很勤快，不像现在的孩子，每天早上叫都叫不起床，人家天天早起，逛晓市。他为什么会去逛晓市呢？因为他们家是开古董店的，他父亲韩懿轩是悦古斋的掌柜。悦古斋自1902年开业，到1956年公私合营结束，在半个多世纪的经营里，最有名的一笔买卖就是帮买家张伯驹先生跟卖家溥心畬先生撮合成了《平复帖》的交易。1956年，张伯驹先生将《平复帖》捐献给了故宫博物院。韩博文除了跟他父亲学做生意以外，还非常认真地学本事，研习篆刻、书法、绘画。

十六岁的韩博文年轻，年轻禁锢就少。这天他在晓市上看见一件东西，跟以往的不同，它也不是玉器，也不是陶瓷，也不是青铜、碑帖、

绘画，而是一地图。

今天你们会觉得地图有啥呀？哪儿都有地图，手机里还有电子地图。但是以前，地图是非常重要的。

电影里，地图往往是大事件的导火索。甭管是盗墓的，还是打仗的，经常都是一帮人装腔作势地围着一张地图，想着下一步的策略。

《智取威虎山》里，杨子荣扮成土匪胡彪，凭借联络图，取得了座山

图 1 明代 坤舆万国全图 南京博物院藏

雕的信任。这联络图就是地图，上面有地名、人名。人们非常熟悉的成语“图穷匕见”，讲的就是荆轲以进献燕国地图为幌子，进入秦宫，刺杀秦王嬴政。这地图太重要了，都借它动了杀机。但韩博文遇见的这张地图比它还重要，因为这是中国人制作的第一张世界地图——《坤舆万国全图》（图 1）。

看世界地图会发现一个有意思的事儿，哪个国家绘制的地图都以自己国家为中心，别的国家都是陪衬，因为地球是圆的，谁在中间都行。这《坤舆万国全图》就将中国放中间了。

《坤舆万国全图》，长有380厘米，宽192厘米，非常大，一面墙。它绘制于四百多年前的明万历年间。四百年，听着没多远，但在地图测绘领域这是一件不得了的事情，可以称之为壮举！

在此之前的地图，没有比例概念，只是将看见的事物画下来，走到哪儿画到哪儿，就是一手卷。从现代地理科学上讲，这算不得地图。比如，2017年入藏故宫博物院的《丝路山水地图》，它就是一幅青绿山水画。

这张《坤舆万国全图》是谁绘制的？还真不清楚。1601年，意大利传教士利玛窦历尽千辛万苦到达北京（图2）。1602年，他向万历皇帝进献了《坤舆万国全图》。据此，有人认为这是利玛窦绘的。但从时间上看，全无可能，因为就一年时间，就算利玛窦什么都不干，这也很难，除非他有现成的地图直接描绘。看看《坤舆万国全图》，那上面翔实的地理信息，肯定不是一个人能够完成的。

整幅地图分为三大部分。第一部分是主图，用了多种颜色来描绘。亚洲是土黄色，欧洲和非洲就是白色，南美洲用粉红色。山脉淡绿色，海洋则用深绿色。大洲的名字用红色字体，国名和地名用墨笔书写，以字体大小作为区别。整幅地图和谐而富有层次感，颜色淡雅，看起来很舒服。

第二部分是分布在四个角的天文图和地理图。右上角是《九重天图》，右下角是《天地仪图》；左上角是《赤道北地半球图》和《日月食图》，左下角是《赤道南地半球图》和《中气图》。这些辅助的小图包含了丰富的天文、地理知识，极大地开拓了国人的眼界。

第三部分就是解释说明的文字，介绍了世界各地的风土人情、自然资源、宗教信仰等等。比如，对南美洲国家伯西尔是这样描述的：“伯西尔，此言苏木。此国人不作房屋，开地为穴以居，好食人肉，但食男不食女，以鸟毛织衣。”这伯西尔就是巴西。

图 2 利玛窦

万历皇帝很喜欢这幅《坤舆万国全图》，多次敕令刊印。改朝换代后，康熙、雍正、乾隆都站在这张地图前运筹帷幄过，他们想把中国的版图扩大。实际上清朝的版图确实很大，可惜因为实行了海禁政策，失去了制海权，最后，清朝亡了。

这地图怎么从紫禁城出来的？很可能是被一个小太监偷出来的，大太监都偷值钱的，玉器、书画、珐琅彩，小太监只能捡相对不值钱的。

韩博文在晓市上遇到这地图的时候，据说卖家开价二十大洋。我觉得这太不可能了，太高了，晓市上的东西最多也就值两块大洋。当时在北京买座四合院，也就一百来大洋。

那韩博文怎么能买下呢？因为初出茅庐不怕虎，他当时要是六十六岁，可能就不买了。六十六岁的人是靠经验说话，经验就是束缚。而十六岁的韩博文选择拿出自己的私房钱，买下了这幅《坤舆万国全图》。

《坤舆万国全图》就是世界地图。当时没有现在的“世界”概念，所以用了“万国”。世界是一个佛教用语，“世”是指时间，“界”是指空间。“坤”是地，“舆”是车。“坤舆”就是用车在地上走。为什么行走？为的是测绘。中国古代地图测绘的方法叫“记里鼓车”。这车分两层，每层有一木头人。车行一里，下头的木人“嘣噔”击鼓一次；车行十里，上面的木人“噔棱”敲一下铃。驾车的人只要记录鼓声和铃声的次数，就可以计算出马车行走的距离。

这方法听着特别笨，但现在的地图也是这么来的。那些经常应用的精准的电子地图，也都是测绘车一路开过来收集信息，然后总结测绘出来的。

韩博文将地图拿回去给他爹看。他爹不懂，就请好友金梁帮忙。金梁是晚清进士，知识渊博，他确认此图乃是利玛窦献给万历皇上的，是大内的重要收藏！

消息一传出去，很多洋人就提着银子来了。商务印书馆的经理孙伯恒知道后，立刻告知北平历史博物馆筹备处。时任馆长裘善元立即派人与悦古斋磋商，并请金梁从中帮忙，以重金购得此图。

卢沟桥事变后，《坤舆万国全图》随其他文物南迁，流转到中央博物馆筹备处，也就是现在南京博物院的前身。后来，这幅世界地图就留在了南京博物院。

我们对地图的认知，不用的时候不重要，用的时候特重要。现在看地图都是上北下南左西右东，但看老地图就不是这样了。我们的老地图是上南下北，左东右西，我们是一个尊南的民族，把南放在上面。

这幅《坤舆万国全图》正是上北下南，它以六条屏风的形式刊印，有效合理地沟通了中西方的文化。尤其这还是在四百年前，中国当时还是封闭的明朝，能够制作这样一张地图，必须得有前瞻性。传教士利玛窦费劲巴拉地进献这样一幅地图是有用意的，他希望大明王朝能够眼界宽一点儿，看看自己以外的世界。自明至清，我们的皇帝白站在这地图面前了；自始至终，没有走出过国门。

042

唐·宫廷金银茶具

法门寺博物馆藏

俗话说，开门七件事——柴米油盐酱醋茶。这回讲的这国宝就跟茶有关。

茶，是一特别好的东西。先从字形上讲，这“茶”字上中下结构，有一种匀称、均衡之美；再就是茶叶本身，含有茶多酚，能够提神醒脑，减缓衰老，帮助消化，据说还能防癌。所以喝茶是有益健康的，可以延年益寿。你看，中国古代祝寿，有喜寿——七十七岁，有米寿——八十八岁，有白寿——九十九岁，还有茶寿——一百零八岁。这“茶寿”一百零八岁是怎么算出来的？“茶”这个字上面是个草字头，就是个“廿”字，代表二十；中间有个人，这就算“八”字，下面紧跟着是个十，再两边还是个八，所以连起来是八十八；加上那二十，正好一百零八。一个人能熬到茶寿，是个不得了的事！

说到喝茶，最早的起源，传说是神农氏。神农尝百草，日遇七十二毒，得茶而解之——以茶解毒。一开始的茶是当作中药材，今天依然如此，比如你肠胃有点儿不适，喝透一壶浓茶准就好了。茶能解毒，所以一直到现在，一吃药，甭管中药西药，都不能喝茶，防止茶来破坏药效。

饮茶之风的盛行要晚很多，直到唐朝中期才出现举国饮茶的热烈场景。这就要感谢一个人了，他叫陆羽。

陆羽生于公元 733 年，804 年去世，活的岁数不算短。他字鸿渐，复州竟陵人，就是今天湖北天门人。他是个孤儿，被竟陵龙盖寺的智积禅师收养。据说，公元 733 年深秋的一个清晨，禅师路过西郊的一座小石桥，听见桥下有群雁的哀鸣之声。走近一看，一群大雁正用翅膀护卫着一个男婴，禅师就把这个男婴抱回寺中收养。

在给这个男婴取名的时候，禅师先占了一卦，是“渐”卦，卦辞上这么说：“鸿渐于陆，其羽可用为仪。”陆是登陆的意思，说群雁迁飞已渐渐要到达目的地，漂亮的羽毛可作为典礼上的装饰品，这非常吉祥。于是禅师决定给这孩子以“陆”为姓，以“羽”为名，以“鸿渐”为字，所以陆羽又叫陆鸿渐。叫鸿渐的人很多，《围城》里的方鸿渐，是陈道明的经典之作。

陆羽好学用功，学问渊博，有学问的人都必须会作诗，陆羽的诗文都作得好。流传下来有一首叫《会稽东小山》，是这样写的：

月色寒潮入剡溪，青猿叫断绿林西。
昔人已逐东流去，空见年年江草齐。

我们说诗言志，这诗的隐逸、空灵之感扑面而来，可以想见，陆羽是个生性恬淡、不爱追逐名利的人。

陆羽因此很得禅师的赏识，禅师就将自己煮茶的手艺传给了他。这正是陆羽接触、了解茶的开始，为其后《茶经》的写作奠定了基础。

安史之乱爆发后，陆羽避难，来到浙江苕溪隐居。在此期间，他大量搜集资料，结合以往的体验和实践，写出了《茶经》。《茶经》是后世茶人的圣经。自从陆羽这本《茶经》面世，虽然后来有许多人都写过类似或不同的茶书，但都无法与之相提并论。陆羽因此被尊称为“茶圣”。

《茶经》全书分上、中、下三卷，共十个部分：一、茶之源；二、茶之具；三、茶之造；四、茶之器；五、茶之煮；六、茶之饮；七、茶之事；八、茶之出；九、茶之略；十、茶之图。陆羽只用七千多字就囊括了唐朝的茶文化。从茶的起源、制茶和煮茶的工具、茶叶的采制，到煮茶的用水、煮茶的方法、茶事的历史记载、茶叶的产区、茶具的省略等等，无所不包。最后，陆羽还把《茶经》用素色绢绸书写装裱出来，分成四幅或六幅，张挂在座位旁边，方便用茶时候随时看见。

现在来看看唐朝人是怎么喝茶的。根据《茶经》记载，分五大步：烤、碾、筛、煮、品。这听着很烦琐，操作起来就更不容易了，光是茶具就得准备很多。那茶具究竟有什么呢？以前我们不知道，待法门寺地宫打开以后，我们就知道了。法门寺地宫出土了一套完整的唐代宫廷的金银茶具。《物帐碑》上写得很清楚："茶槽子、碾子、茶罗、匙子一副，七事共重八十两。"七事就是七件东西，包括茶碾（图 1）、罗合（图 2）、

图 1 唐代 银鎏金鸿雁纹茶碾 法门寺博物馆藏

图 2 唐代 银鎏金飞天仙鹤纹罗合 法门寺博物馆藏

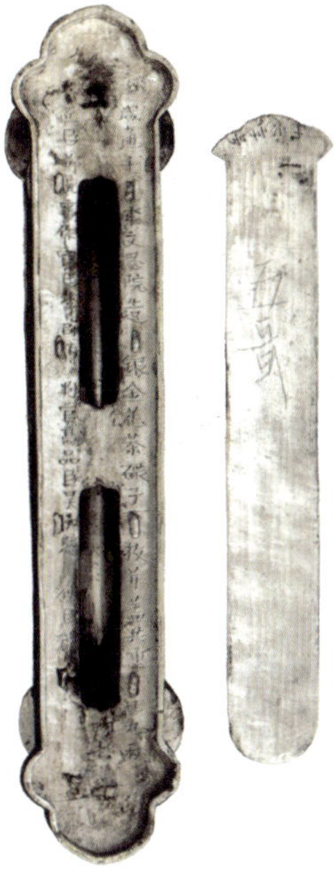

图 3 刻有 “五哥”字样的辖板

银则、长柄勺等等。

其中，茶罗子、银则、长柄勺等器物上，刻有“五哥”的字样（图 3）。五哥是唐僖宗（874—888 年）李儇小时候，皇室及重臣对他的爱称。所有这些都表明这套茶具是宫廷专用的。

在唐代，一开始人们都愿意以“郎”来称呼男子，比如大郎、二郎、三郎，唐玄宗就是三郎。“阊阖千门万户开，三郎沉醉打球回。”说的就是唐玄宗打马球的事。

到了唐代晚期，就流行称呼“哥”了。现在还有十几岁的人叫我马哥呢，更多的人管我叫马爷。有意思的是到了宋代，又开始称呼“郎”了，有名的就是武大郎。现在保留下来的唯一痕迹，就是称新婚的男子为“新郎”。

法门寺地宫出土的茶器并不止“七事”，还有盐台、笼子（图 4）、茶碗（图 5）、茶托等。这些茶器在陆羽去世七十年后封藏，跟《茶经》

图 4 唐代 银鎏金飞鸿毬路纹笼子
法门寺博物馆藏

图 5 唐代 越窑秘色瓷五瓣葵口碗
法门寺博物馆藏

描述的基本一致。这在文物史上非常难得，文献跟实物相互印证，是一个最为典型的案例。

首先是它出处明确，地点清楚；第二是出身高贵，完全是皇家的；再有就是品种齐全，它是全套的，制作也精良。所以这套珍贵的唐代宫廷金银茶具真是名副其实的国宝，现收藏于法门寺博物馆。

这么多的茶器，大多采用鎏金工艺或者金丝编织而成，纹样精细繁复，金银光泽锃亮，件件精美绝伦。其中有一件特别值得注意——银鎏金摩羯鱼三足架盐台（图 6）。

这盐台由盖、台盘、三足架组成，通高近 28 厘米。盐台我们以前从来没见过，它分上下两个部分，上面有一盖。这盖本身就做得很奇特，盖上还有一个小盒，小盒还可以打开，那是不是放两种盐呢？不得而知。还有人说，这上面是放胡椒粉的。

盐台主体就是一个莲花跟莲蓬的结合体，表现出来的是莲花即将凋谢、莲蓬即将出现的状态。底下是一个三足支架，支架上錾文：“咸通九年文思院造银金涂盐台一只”（图 7）。真得谢谢这刻錾文的人，如果

图 6 唐代 银鎏金摩羯鱼三足架盐台 法门寺博物馆藏

图 7 盐台支架上的錾文图

没有这錾文，这东西到底是干吗用的我们就不清楚了。历史过去久了，我们对文物的判断多有讹误。所以说文字很重要，文字直接说明了文物的用途。面对文物，有时候就连专家也没法完全确定，所以必须本着“知之为知之，不知为不知”的态度，瞎猜是没有意义的。

盐台肯定是放盐的，唐朝人煮茶为什么要放盐？

《茶经》上说：“初沸，则水合量调之以盐味。”就是说，水刚开始沸腾的时候，按照水量适当要放一点儿盐调味。调的是什么味？茶之味。茶本身是涩的，盐可以去涩。再者，茶中有氨基酸，与盐中的钠离子相互作用，会产生一种鲜味，盐被称作“万鲜之首”“百味之首”，就是这个原因。厨师们都知道，做菜什么都能离开，唯独不能离开盐，所有佐料都可以去掉，去了盐这饭肯定做不成。

茶不仅可以加盐，还可以加糖、加奶，这都是为了去涩，英国人喝下午茶就是这个路子。茶还可以加姜丝，加蜂蜜。茶是寒凉之物，姜丝可以祛凉，防止胃疼。

直到现在，有很多地方喝茶还是要加盐的，比如游牧地区喝的奶茶。我在新疆喝过，在内蒙古也喝过。一开始非常不习惯，但喝过几次后就会上瘾，因为它非常能补充体力。我们常说要入乡随俗，就是说你到一个新的地方，不要过多地提自己的要求，要随着当地的习俗去走，这样才能多一些人生体验，人生才能显得更加丰富。我们每一个人肯定喜欢加糖加奶的甜奶茶，但这种奶茶喝的时候舒服，喝完了以后腻得慌，咸奶茶就不会。

茶是世界上分布最广、性格最宽容的一种饮料，它跟什么都能相容，有点儿像我们中国人，在哪儿都能活得很好。今天走到世界各地，都能看

图 8 唐代 银鎏金飞鸿纹茶则
法门寺博物馆藏

到中国人。

关于唐朝的煮茶，还有一个问题，就是每次要加多少茶叶才算合适。搁现在，经常听到的话是少许、适量、随意，但唐代是有标准的，以“则”为准——茶则。这个则，就是标准、准则、法则。落到实物上，就是这套茶具中的银则——鎏金飞鸿纹银则。一看就高级，大小跟家用的不锈钢勺子差不多，全长19.2厘米，但它比较浅，微微有一点儿凹。则柄扁长，上宽下窄；柄端作三角形，上下部位錾花鎏金，上段为流云飞鸿，下段为菱形图案，其间錾刻十字花；柄背光素，便于持握（图8）。

可以想象一下，唐朝人煮茶的时候，用茶则将需要的茶叶放在水里，再将其他佐料放进去，煮好了就能吃了。还真是得吃！要注意，唐代的煮茶都跟菜粥似的，只能去吃，宋以后才提倡喝纯茶，所以才是饮茶！

好了，吃茶去！吃的不仅仅是茶，还有“禅”。“吃茶去”，是禅宗非常有名的一段公案。说的是当年有两位僧人从远方来到赵州的观音院（就是今天的赵县柏林禅寺），向赵州禅师请教何为禅。赵州禅师问其中一位僧人，说：“你以前来过吗？”僧人说：“没来过。”赵州禅师说：“吃茶去！”赵州禅师又问另外一个人：“你来过吗？”僧人说：“我曾经来过。”赵州禅师说：“吃茶去！”这样，监院就不明白了，说：“禅师，怎么来过的和没来过的，您都让他吃茶去呢？”赵州禅师就说：“吃茶去！”

今天在中国，到处都可以看到“禅茶一味”这个词，但大部分是附庸风雅，很多人根本不了解“禅茶一味”到底是什么意思。那么“禅茶一味”是什么味呢？赵州禅师说得很明白了：没来过的，通过喝茶，获得一个体验；来过的，通过喝茶，要有一个思考；还有那个打酱油的监院，喝茶的时候要有领悟，不然你天天喝茶不就白喝了嘛。体验，思考，领悟，这三层的表现形式虽然一样，但它含义不一样，这就是禅茶一味的真谛。

从陆羽写《茶经》，到今天已经有一千二百多年了。一千二百年来，中国人和茶有着极深的情感，但我们对早期的茶具和茶文化还知之甚少。法门寺出土的这套唐代宫廷金银茶具，虽然帮我们了解了一些关于唐代饮茶文化的真谛，但它十分有限。历史上永远是谜多，而且多数的谜永远是未解之谜。

043

清乾隆·剔彩春寿宝盒

英国王室藏

这回要讲的国宝，是一件收藏在英国白金汉宫的漆器——剔彩春寿宝盒（图 1）。

之所以选它作为国宝出镜，是因为这件红漆的捧盒，当年见证了乾隆皇帝与英王乔治三世的一次历史性接触（图 2）。所以，它真的是一件国宝！从一定程度上讲，这次东西方的接触，也是近半个世纪后，中英鸦片战争爆发的伏笔。

二百多年前，当时的英国国王——乔治三世，派他的特使马戛尔尼来

图 1 清乾隆 剔彩寿春图宝盒 英国王室藏

图 2 乔治三世

图 3 马戛尔尼

华（图 3）。这次来华的名义，是要给乾隆皇帝祝寿，实际上是要为英国在海外贸易中打开中国的市场。因此马戛尔尼来时，精心挑选了很多当时英国最先进的科学仪器、工业设备和艺术品作为礼物，希望中国皇帝能够买账（图 4）。

我们中国人讲究的就是“来而不往非礼也”，当马戛尔尼回国时，乾隆本着“礼尚往来”的原则，对英王和马戛尔尼优加赏赐。这件剔彩春寿宝盒就是其中一件，当年被马戛尔尼带到了英国，见证了中英二百多年来变迁的历史和关系，一直被英国王室收藏到现在。

1792 年 9 月 26 日，这日子非常具体，一队由三艘舰船组成的使团从当时的英国朴次茅斯港启航，此行的目的地，是地球的另一边——中国（图 5）。

18 世纪后期，英国迅速成为大西洋航运的中心，海上贸易的影响力遍及全球。这时候的中国，正处在中国帝制社会的最后一次盛世——“康乾盛世”。这盛世前后持续了一百年，也是理论上中国历史上唯一一次达到百年的盛世。

图4 马戛尔尼访华贡品运输图

图5 马戛尔尼使团船队

这段时间，正是英国逐渐强盛的开端，而我们逐渐衰落。

马戛尔尼是当时著名的外交官，曾经出任驻沙皇俄国公使，代表英国与俄国签订了为期二十年的对英国极为有利的商务条约。所以，英王对马戛尔尼格外信任，对他的访华之旅寄予厚望，希望他为英国开辟更多的在中国的海外贸易。

当时海上航行是非常艰辛的，是我们现在难以想象的。现在我们到地球的另一边去，有很多交通工具可供选择。最快的是飞机，十几个小时哪儿都到了；慢点儿有邮轮，可以边走边玩；甚至在特定的条件下，坐火车也是可以的，比如从北京到莫斯科的火车，一周也差不多到了。

可 1792 年马戛尔尼来中国，硬是在海上漂了九个月才到。我出过海，没在海上漂过的人，没有那个感受。我去过西沙群岛，当你一个人在海上的时候，你感觉这地球真的是圆的，茫茫无边。此时的海水，不是蓝的，是黑的，黑得像石油一样。所以你就变得非常恐惧。你看到蓝色的海，一定都是离海岸很近了。漂在海上，当四周什么都没有的时候，你一定越想越害怕，最怕的就是翻船。

再绝望的漂泊也有靠岸的时候，当马戛尔尼抵达中国时，已经是 1793 年的 6 月了。

马戛尔尼当然不能空着手来，他不仅带来了乔治三世国王给乾隆皇帝的国书，临行前，还费尽心思准备了大量礼物。我们来看看他漂洋过海都给我们带来了什么，这些礼物在当时都很先进——有各种天文设备，最重要的是一架大型的天象仪；还有不同的武器、战舰模型（图 6）；除此之外还有家用器具，像转椅、玻璃挂灯、地毯、马鞍、马车、绘画等等。

英国人心里认为，这礼物已经不得了啦，代表着他们当时掌握的最先进的知识和制造技术。可在乾隆皇帝心里不这么想。乾隆心说，这东西，打圣祖的时候就在那儿啦，朕年轻的时候也造过，没什么好稀奇的

图 6 18 世纪 马戛尔尼进献自来火鸟枪 故宫博物院藏

图 7 清康熙 银鋄金浑天仪 故宫博物院藏

图 8 清乾隆 铜鎏金三辰仪 故宫博物院藏

（图 7、图 8）。

转椅在乾隆看来就更可笑了。转椅，我们现在常见，办公室里经常有。但讲究的人家里不用这个，乾隆就看不上这东西。他为什么看不上呢？因为转椅坐着不庄重。中国古代讲究“坐有坐相”，坐个椅子总转来转去的，这不行。乾隆认为这转椅就是淫巧之器。乾隆坐的是龙椅，龙椅都个儿大，坐在那儿要有体量感。你说皇帝坐在这么一个小椅子上转来转去的，让别人看见，成什么了？皇帝指定不高兴啊！

乾隆皇帝曾亲自写过对这些礼物的评价，他的意思就是说，这些东西看着都挺平常的嘛。

马戛尔尼精心挑选的这些礼品，本来都是为了讨好中国皇帝，引皇帝好奇。可事与愿违，皇帝一点儿都不好奇，反而认为这都是奇技淫巧，不可取。这是因为乾隆皇帝年纪太大，他已经没有好奇心了。这一年，乾隆皇帝已经八十三岁了。如果乾隆皇帝二十三岁，我想他肯定觉得这东西新奇，愿意探究。再有就是，乾隆皇帝这一辈子好东西见得太多了，什么东西都勾不起他的兴趣。

当时，乾隆对这些礼物做了礼貌性的问询。当他知道马戛尔尼此行还带有明确的商业目的的时候，一下子就不高兴了。乾隆给出了“天朝礼法与该国风俗迥不相同”的说法，他认为英使“异言异服，逗留京城，非天朝礼制”。这意思就是说，您说那话跟我不一样，您穿的那服装也跟我不一样，您在我这京城里溜溜达达，影响我们。对马戛尔尼提出的要求，乾隆认为“其心怀窥测，其事断不可行”，然后略做礼节上的接待，就打发英使回国了。

马戛尔尼眼看此行的使命要完不成了，那就退而求其次吧。他就向军机大臣和珅提出要求，想要在广州之外的天津、宁波、珠山等地进行自由贸易。这一下子，让乾隆失去了耐心。他认为，我们就不喜欢做这生意，所以你们就彻底断了这个念想。命人赶紧送马戛尔尼一行走陆路到广州，不能再走水路了，从那儿回国。

马戛尔尼的使命失败了，清朝关上了大门，造成了四十多年后鸦片战争的爆发。

在这次接触中，英使来给天朝皇帝祝寿是乾隆唯一认可的他们来华的目的。在乾隆心里，天朝大国，物产丰腴，需要的只是你们这些蛮夷番邦远道而来的向化之诚。类似这样天朝大国的心态，在马戛尔尼一行觐见的过程中不断被强调着。

比如，这使团初登大沽口，就受到中国官员的隆重接待。为尽地主之谊，他们照顾了使团的一切事务，免费供应其所需。在护送英使团前往北京的沿途，英使团乘坐和载放礼物的船只上，都明显地插有一面小旗，旗子上写着："英国特使进贡"，这明摆着把英国当藩属国了。

关于觐见礼仪的争执，更是把两国各自的心态体现得淋漓尽致。清朝官员坚持马戛尔尼要按照宫中礼仪，"双膝下跪"，行三跪九叩之礼。马戛尔尼婉拒数次，希望以觐见英王的礼仪，"单膝下跪"向乾隆行礼，以示平等；这怎么可能呢？得到的答复自然是拒绝呀。

至于觐见当天究竟用了什么礼仪，这一点双方记录不一。这么重大的历史事件，到现在也不是特别久远，到今天居然就说不清楚，英方有英方的记载，中方有中方的说法。

觐见时，马戛尔尼还呈递了乔治三世给乾隆皇帝的国书（图9）。在清廷官员的笔下，把它称为《英国国王致乾隆皇帝的表文》。这里的"表"字用得就非常有意思。"表"在古代特指臣子给君主的奏章，像课本里学过的《出师表》，就是诸葛亮当年言辞恳切地写给后主刘禅的上书表文。这就能看出中英对此事情的态度不同。

另外，马戛尔尼当年递交的这份国书，内容几经翻译修订后更加离谱，完全成了一副祈求之状。其中有这么说的："我知道中国的地方太大，管

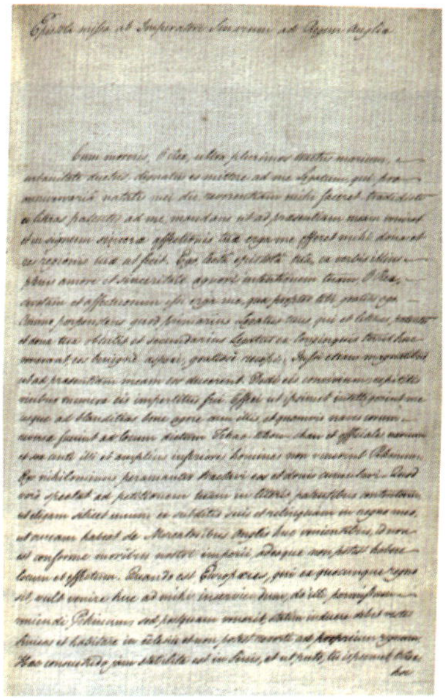
Epistola missa ab Imperatore Sinarum ad Regem Angliae

图 9 乔治三世给乾隆皇帝的信

理的百姓也多，皇上您操心天下大事，不但是中国，就连外国，都要您去保护，这些国家心悦诚服，皇上您太操劳了！”这封国书翻译得谁听着都肉麻吧？可乾隆看完就飘飘然了。

根据档案记载，我们可以看到当年乾隆赏赐的清单，光是给乔治三世的就列了有近两百项，各种物品包括了景泰蓝、玉器、各式瓷器、漆器、花器、匏器、绢纸、扇子、丝绸、绣品、茶叶、吃食，样样齐全。

这份清单里，大到紫檀彩漆铜掐丝珐琅龙舟仙台、汉玉出戟花觚、青龙瓷人缸，小到葫芦鼻烟壶、藕粉、蜜瓜干等等，什么都有。这些礼品大多数都已不知去向，只有很少一部分我们能够找到它们的踪迹，其中就有现在仍在英国王室收藏的剔彩春寿宝盒（图 10）。

春寿宝盒是乾隆时期的典型器物，基本上都是祝寿用的。它做得也非常有意思，盒盖正中有引人注目的一个大大的“春”字，中间的圆形开光剔出了一个老寿星，所以都把它叫作“春寿盒”。“春”的左右两边各有一条龙护着，代表着非同寻常的地位；“春”字下面是“聚宝盆”，里面有珊瑚宝珠、金钱银锭、如意盘肠，各式各样的杂宝，都装不下了，正像乾隆心目中大清的样子——天朝大国，物阜民丰，民生兴旺！

当年的档案把这件剔彩春寿宝盒记作“红雕漆春寿宝盒”，是说明它以雕红漆为主，“剔彩”是它准确的工艺名称叫法。“彩”是指表面的漆一层一层的颜色不一样，最外面也是最显眼的，是红漆，下面还有其他颜色，有黄的、绿的、黑的，所以叫“彩”。

“剔”是指制作纹饰的方法。中国人认为“雕”和“刻”都是硬碰硬的，我们说的“石雕”“石刻”就是这么制作的。“剔”呢，是硬碰软的，起名非常严谨。硬碰软是什么意思呢？刀是硬的，漆是软的，在漆没有干透的时候，它是一种半软的状态，在那个情况下开始剔刻。

在我们的生活中可以引申的有“剔肉”“剔牙”。“剔牙”不是把牙剔下去，是剔牙缝里的肉，“剔”这个字非常地明确。再比如，瓷器中常说的“剔花”，就是趁着胎软的时候把这个花剔出去，再烧制成硬的。

漆器干燥的过程中是要求阴干的。上面这个“剔”的过程就发生在漆

图 10 剔彩春寿图宝盒（局部）

还没有干透的阶段。干透后再去打磨。打磨我们讲过，古代没有砂纸，用的是莝草，一点一点磨出来。所以古代的漆器制作非常不容易，正所谓“三分刻，七分磨”。

成型后的漆器，寿命就特别长了，适合长期保存，至少我们今天可以看到战国到西汉时期的很多漆器都完好如初（图 11）。漆器能保留下来，还有一个非常重要的条件，就是要依附于它的胎。最好的胎是楠木胎，其次是杉木胎，它们都不易变形、耐腐蚀、不出油。

再说说这个春寿宝盒，它就是一个捧盒。

何为捧盒呢？单手拿的都不叫捧，一定是双手捧上去的。这个“捧”字很庄重，它的右半边是个“奉”字，本身就带有恭敬、尊重的意思。所以捧盒过去是宫廷和大户人家的必备，你说你们家没个捧盒，那你们家地位就不够高。

比如《红楼梦》就有这样的内容。第十一回，贾敬的寿辰时就写道：“贾珍先将上等的可吃的东西、稀奇些的果品，装了十六大捧盒，着贾蓉带领家

图 11 西汉 双层九子漆奁 湖南省博物馆藏

下人等与贾敬送去。”这里就看出捧盒的重要和用法了。捧盒过去真的是很讲究的器物，一般不会太小，最小的也得俩手拿着，直径得二十多厘米。这回介绍的这件春寿宝盒，直径 36.5 厘米，高 13 厘米；这属于最正规、最好尺寸的，一般都有一尺左右，合三十多厘米的，它的分量感捧着非常舒服。

春寿宝盒，现在在大的博物馆里差不多都有，因为当时做的量很大。比如北京故宫、台北故宫、上海博物馆、天津博物馆、我们观复博物馆里都有（图 12）。这是一个不太难找的文物，我们今天仍愿意说它是国宝，因为英国白金汉宫的这个，它见证了中国历史上极为特殊的一个历史事件，我们就把它定为国宝！

它是当年乾隆皇帝钦点的一件送给英国元首的礼物，是两个多世纪前两国交往的一个物证。这个物证到今天为止，一直都被好好收藏在白金汉宫，尽管我们后来还打过仗。

时隔二百多年，我们回过头再看这些礼品的时候会发现，当年乾隆皇帝还是按照他的审美和理解，挑了一份非常隆重的礼物，以至这个礼物今天依然在白金汉宫讲着中国的故事。

图 12 清乾隆 剔彩寿春图宝盒 观复博物馆藏

044

元·广胜寺《药师经变》壁画

美国大都会艺术博物馆藏

“军阀混战，天下大乱呐！”这话谁说的？不知道吧！这是《红灯记》里著名的台词，李奶奶“痛说革命家史”一场中说的。20 世纪二三十年代，民国革命以后，中国的集权制度崩盘，国家立刻陷入了军阀割据。特别是袁世凯死后，北洋军阀分裂成了皖系、直系、奉系三大派系。

皖系是以号称“北洋之虎”的段祺瑞为首，得到日本人的支持；直系是以冯国璋为首，英美人支持；奉系就是张作霖，少帅张学良他爹，号称东北王。

另外，还有山西的晋系阎锡山、西南的滇系、广西的桂系等等。这些人都在列强的操纵下，尔虞我诈，甚至为了争夺政权，发动了一系列战争，比如直皖战争、直奉战争等等。

这些战争使得百姓的生活极为痛苦，民不聊生。有家有业的都没钱过日子，那没家没业的出家人，就可想而知，更是没辙。没辙怎么办？就开始卖庙里的产业。

过去寺庙都比较有钱。太平盛世的时候，达官显贵、乡绅地主这帮人都会往庙里捐钱供养。乱世了，就没人捐了，钱花完了，庙里的和尚就只能琢磨着卖庙产吃饭，看看有什么能换钱的东西。这一卖东西，就有了这回说的故事。

故事发生在山西，山西洪洞县的霍山脚下，有一座始建于东汉建和年间（147—149 年）的寺庙。这庙一开始叫俱庐舍寺，北魏太武帝灭佛时被焚毁。唐朝大历四年（769 年），汾阳王郭子仪奏请重建重修，建好后就改名叫广胜寺，一直叫到了今天。这广胜寺命运多舛，自打唐朝建好以后，又多次因地震、灭佛等天灾人祸被毁坏。

现在如果有机会去看广胜寺，最早的遗存基本上是元代大德九年（1305 年）最后一次大规模重建后的样子。

广胜寺在中国古代寺庙里，名气挺大，今天是全国重点文物保护单位。除了“历史悠久”这个原因以外，还因为这庙里有很多宝贝，号称“广胜三绝”。

头一样宝贝个头比较大，一到广胜寺就能看见。这是一座十三层高的琉璃做的佛塔，全身用黄、绿、蓝三彩琉璃装饰，阳光一照，光彩折射斑斓，所以叫飞虹塔。

这塔始建于明代正德年间（1506—1521 年），直到嘉靖六年（1527 年）才合尖竣工，前后用了十多年。它是目前全国最精美、保存最完好的琉璃宝塔，里面还供奉有佛祖释迦牟尼的真身舍利子。86 版《西游记》中，《扫塔辨奇冤》那集，就取景于此塔。

广胜寺的第二样宝贝更珍贵。不过现在去广胜寺是看不到的，要想看，得去国家图书馆。

它与《永乐大典》《四库全书》《敦煌遗书》并称国家图书馆四大镇馆之宝，它就是著名的《赵城金藏》。之所以叫《赵城金藏》，就是因为它发现于赵城的广胜寺，刊刻于金代的皇统年间。它是现存最早最全的《大藏经》孤本，全世界只此一部。

第三样宝贝，就是广胜寺里的壁画。

壁画是人类历史上最早的绘画形式之一，它的出现可以追溯到石器时代，历史非常久远（图 1）。汉唐以后，中国壁画的发展进入黄金期。这时候的壁画，主要在佛教洞窟和墓葬中应用。

图 1 新石器时代 太阳神巫祝图

佛教洞窟壁画首推敦煌莫高窟。隋唐时期，敦煌莫高窟的壁画题材范围广泛，场面宏大，色彩瑰丽。无论是人物造型、风格技巧、设色敷彩，都达到空前水平。其中，飞天的形象一度成为经典（图 2）。

而墓葬中绘有壁画的，几乎都是达官显贵或者皇家的高级大墓。比如唐代的懿德太子墓、永泰公主墓，辽圣宗、辽兴宗的墓以及宣化张世卿墓，这些墓中的壁画都是墓葬壁画的杰出代表（图 3、图 4）。

壁画，不能拿笔直接想往墙上画就往墙上画。绘制之前，要把墙面特殊地处理一下。一般都是先上粗泥打底，粗泥里要掺上一些草叶、棕麻，防止墙面开裂。然后，就要逐层上细泥、石灰浆等，目的是让墙面尽可能变得细腻好画。最后等墙面干燥以后，再拿着笔蘸上各种颜色的矿物颜料进行绘制。利用矿物颜料画出来的壁画，颜色浓艳纯正，经久不衰。

壁画由于是建筑物的附属部分，由人直接用手绘于墙壁之上，一旦建筑年久失修，壁画也就随之损毁。

图 2 敦煌莫高窟 《飞天》壁画

图 3 懿德太子墓 《内侍》壁画

图 4 张世卿墓后室 东壁壁画

再有就是气候环境对壁画影响非常大。潮湿的时候，壁画就不容易保存。所以南方几百年以上的壁画比北方少很多。广胜寺地处山西，气候相对干燥，因此庙里墙壁上留下了许多珍贵的壁画。

广胜寺历史上最后一次大规模重建是元代大德九年的秋天，所以留下来的壁画绝大部分是元代的作品。再早之前的已经损毁无存了。

这批珍贵的元代壁画，一直到20世纪初都还保存完整。不过很可惜，现在去广胜寺只能看见其中保留下来的很少一部分。更多的广胜寺壁画精品，早就不在广胜寺了。房子、墙壁都在，画在上面的壁画却不见了。它去哪儿了呢？漂洋过海，不远万里，跑到地球那边的美国去了。

其中就有一幅最著名的《药师经变》图（图5）。“经变”的意思，就是佛经的另一种不使用文字的变化表现。“药师经变”就是《药师经》用图画表现的意思。这幅壁画现在陈列在美国大都会博物馆的大厅里，参观过的观众肯定都有印象，大部分人愿意在这里拍照留念，它可以算是大都会博物馆标志性的展品。

这幅壁画出自广胜寺的下寺。

广胜寺在当时是个大庙，当年皇家敕建的。有一部分在山上，称之为“上寺”；有一部分在山下，称之为“下寺”。这《药师经变》壁画，原本的位置就在下寺后大殿的西壁。

这幅壁画有多大呢？据现代测量，总长有15.2米，通高有7.52米，加起来一共有100多平方米，刚好占满整个大殿的西山墙。壁画正中央描绘的是药师琉璃光佛端坐在莲花宝座之上。药师琉璃光佛面相慈祥圆润，仪态庄严，左手抚膝，右手结印。与通常看到的手捧药钵的药师佛形象不同。

“结印”说的是佛像的手势，专业称之为“手印”。每尊佛结的手印都不一样，所以明白的人到寺庙里一看，就知道这是阿弥陀佛，这是药师琉璃光佛，这是释迦牟尼佛。

一般常见的佛的手印，在这里可以给大家简单普及一下。学会了就可以跟别人去显摆，人家一定特别佩服你。

第一个叫“禅定印”。双手放在腹前，右手置于左手之上，两拇指相接。这就是佛陀入于禅定时所结的手印。

第二个叫“无畏印”，又叫“施无畏印”。右手向上，举于胸前，手指自然舒展，手掌向外。这手印表示了佛为救济众生的大慈心愿，无所畏惧。

第三个叫“与愿印”，又叫“施愿印”。左手向下自然伸直，指端下垂，手掌向外。表示佛、菩萨能给众生满足愿望，具有慈悲之意。所以与愿印往往和无畏印配合出现。

第四个叫“说法印”。一般是右手拇指与中指，或食指，或无名指相捻，其余各指自然舒散。这一手印象征佛说法之意。这手势就好比掐指计数一样：第一条、第二条、第三条……

最后还有一个叫“降魔印”，又叫“触地印”。以右手覆于右膝，指头触地，以表示降伏魔众。

这五种手印——禅定、无畏、与愿、说法、降魔，统称为“释迦五印”（图6）。当然，除此之外还有很多手印，这里就不详细说了。接着说这《药师经变》壁画。

中国文物流失到世界各地，有一部分是被列强掠夺的，比如圆明园中的大量珍宝，还有一部分是人家花钱买走的。《药师经变》壁画，就是让人家买走的。

过去，文物保护意识没这么强烈，赶上战乱灾年，有人愿意花钱买，卖家卖完了换饭吃，还是求之不得的事儿呢。

20世纪初，军阀混战，民不聊生。广胜寺也是僧人四散，愈加颓废。由于多年未加修缮，很多建筑都摇摇欲坠，但寺庙和地方政府都无能为力。

1928年的一天，几个美国人来到了山西，看到广胜寺下寺大殿内的壁

图 5 元代 广胜寺《药师经变》壁画 美国大都会艺术博物馆藏

汉文名	梵文名	图像
禅定印	dhyāna	
无畏印	abhaya	
与愿印	varada	
说法印	vitarka	
触地印	bhūmisparśa	

图6 释迦五印

画非常精美，特别喜欢，上来就问："我们能不能花钱买走？"

一开始，跟庙里的僧人一说，大家都很惊讶，说："这画都在墙上画着呢，就算您想买，我们也没法卖，您怎么拿呀？再说这大殿都已经几百年了，我们不能为了把画卖给您，把这殿拆了吧？再惊扰了佛、菩萨。"

这几个美国人是真心想买这壁画，说："只要你卖，我们就有办法把这画揭下来，还不用把大殿给拆了，更不会惊扰了里边的佛、菩萨。"

最后好说歹说，又想办法联络当地的官员和士绅们商议，广胜寺住持贞达，决定以一千六百银元出售给美国人。其中就包含了这幅珍贵的《药师经变》图。

住持贞达认为，与其等大殿坍塌，壁画随之毁坏，还不如舍画保殿。

所以他卖完壁画以后，不但不觉得这是一件耻辱的事，还认为这卖壁画修寺庙是个“义举”，值得表扬称颂。他还特意勒石记功，把出售壁画的经过都记录了下来。

这碑有名，叫《重修广胜下寺佛庙记碑》，这里摘录一段：

> 山下佛庙建筑，日久倾塌不堪，远近游者不免触目伤心。邑人频欲修葺，辄因巨资莫筹而止。去岁有远客至，言佛殿壁绘，博古者雅好之，价可值千余金。僧人贞达即邀请当地士绅估价出售，众议以为修庙无资，多年之憾，舍此不图，势必墙倾像毁，同归于尽。因与顾客再三商榷，售得银洋一千六百元，不足以募金补助之。

甭管这住持贞达做得对还是不对，也得感谢他把这事刻在碑上记录下来，要不然上哪儿知道这故事呢？

这几个美国人，费劲巴拉地，好不容易把这壁画切成块儿弄了下来。后来不知什么原因，又辗转到了民国时期最大的国际古董商卢芹斋手里。

这人的名字就叫卢芹斋，听着像个古玩店的名。就是经过他的一手策划，这些支离破碎的壁画，漂洋过海运到了美国。

壁画到了美国以后，后大殿东壁的《炽盛光佛佛会图》被纳尔逊博物馆买下。1933 年，博物馆开馆时，陈列在博物馆特设的“中国庙宇”之内，直至今日。

后大殿西壁的《药师经变》图，又辗转多年，最后才到了收藏家赛克勒的手里。赛克勒是美国精神病学家、企业家、慈善家，他很喜欢中国艺术品，购买了大量文物。同时，他还捐建了很多博物馆，以他的名字命名，用以展出中国的艺术品。北京大学的赛克勒博物馆，就是他捐的。

赛克勒买的时候，这幅《药师经变》壁画，都是一块一块装在箱子里的，看着就是一堆土块。由于条件有限，无法修复，赛克勒就想把它全部捐献给博物馆，希望专家能帮他修复并展出。

1964 年，赛克勒以其母亲的名义将这幅元代《药师经变》壁画捐献给了大都会博物馆。经过专业团队的修复拼装以后，这幅从广胜寺墙上剥下来，漂泊了几十年的珍贵壁画，终于再一次以完整的面貌展现在世人面前。

我第一次去大都会博物馆参观的时候，站在这幅《药师经变》图前，第一个感受就是震撼，源自它超大的体量。

第二，就是心里不知道是该喜还是该悲。喜，是因为我在大洋彼岸看到了它；悲，是我怎么在这儿看到了它？为什么不是在山西广胜寺下寺后大殿的西墙上呢？但如果在这儿看不见它，也许就真的永远看不见它了。

最后说到这儿，突然想起弘一法师的一句话，叫“悲欣交集”。这也正好是我们每个人在美国大都会博物馆看到这幅壁画时的感受。

045

唐·镶金兽首玛瑙杯

陕西历史博物馆藏

何家村窖藏是新中国最著名的窖藏，出土了一千多件文物。当时所有的文物都是装在两个大陶瓮和一个银罐里，这些文物现藏陕西历史博物馆。

由于何家村窖藏太重要了，陕西历史博物馆就单独给它设立了一个厅来陈设。这两个大陶瓮和银罐就单独放在门口。大部分人看过这个展览，会怀疑这些东西能不能装回这仨容器里。当时这些东西装得是非常严谨的，大套小，叠套进去，所以拿出来就显得非常多。

这批窖藏中所有的器物形态各异，什么东西都有，包括有碗、盘、杯、盒、中外钱币、玉材宝石、贵重药材等等。装的时候，如果非常合理地叠套着装下去，就能装很多东西。所以，以人的视觉感觉，觉得这些东西肯定装不回去，但如果你参与去装，就知道它们一定能够装进去。

在讲舞马衔杯纹银壶的时候，我们已讲过何家村窖藏出土的过程，这里就不再讲出土的细节。

这批出土文物有两大类，一类是我们自己的本土文化，另一类就属于外来文化。这回要讲的这件东西，明显是外来的，叫“兽首玛瑙杯”（图1）。这件文物在中国历史上，只此一件，与它形制一模一样的器物，至今都没有发现过其他材质的。

这件国宝是个牛头形。牛的口部开了一个孔，配了个金盖，拔开后可以直接对饮。这跟过去中国人任何时期的饮酒、饮茶方式都完全不同，我

图 1 唐代 镶金兽首玛瑙杯 陕西历史博物馆藏

们喝的习惯是哪儿进哪儿出，可这杯子喝的时候，有点像对着壶嘴儿吸。

从这点判断，这东西就是外来的。

我们从西方的文物中找到一个类似的东西，叫“来通”（图2）。“来通”这个词是从古希腊语演化过来的，有“流出”的意思。它是一个圆锥形的酒具，西方人用来喝酒或祭祀。这喝酒的方式明显和中国人用杯子喝酒的方式是有区别的，它是从大口把酒倒进去，在小口的地方用嘴吸。用这种吮吸的方法喝酒，对中国人而言是非常不雅观的。吮吸的方法在中国只有婴幼儿才用。

用这种来通杯喝酒，在很多古罗马的壁画上都有描绘：奢侈的晚宴上，古罗马人穿着半透明的丝绸，把来通杯举上头顶，张嘴接着酒喝。这让我们看着又豪迈，又幼稚（图3）。

在欧亚大陆，就发现了很多史前时代的类似角杯。这非常容易理解，古人直接截取动物的角来做容器，因为动物的角里头都是空的，到了尖端才是实心，包括犀牛角。

在公元前 2000 年的爱琴海区域，在波斯、伊朗萨珊文化，在许多古代

图 2 公元前 1 世纪 银鎏金猫首来通
美国大都会艺术博物馆藏

图 3 古罗马
赫库兰尼姆遗址壁画

文明以及远到亚洲中部，都发现有圆锥状的来通杯，一般是用贵金属或名贵石材做成的（图 4）。

在希腊克里特岛上，金银质地的牛头来通杯很常见。不仅是实物，在很多中亚地区的壁画上也可以看到。除了用奢华材料做来通杯外，还有很多简单器型和纹饰的陶质来通杯（图 5）。

这回说的这件兽首玛瑙杯，它就更接近于来通杯。道理很简单，第一是饮用方式，第二就是造型。

为什么何家村窖藏中有它呢？

唐代是中国历史上非常开化的一个时代，当时有很多外国人来中国经商、传教、做官、生活，必然带来了很多外国文化。我们出土的大量三彩俑，其中有很多人俑明显是外国人的样子。这件东西就是那时候由外国人带进中国的。

当时发掘何家村窖藏的时候，考古人员在两个陶瓮之间发现了这个

图 4 公元前 5 世纪 金狮来通
美国大都会艺术博物馆藏

图 5 公元前 4 世纪 红陶牛首来通
美国弗利尔 – 赛克勒美术馆藏

银罐，这银罐跟一般西瓜那么大（图 6）。由此可以判断，银罐中的东西等级高，兽首玛瑙杯就装在这里面。它高只有 6.5 厘米，长约 15.6 厘米，口径有 5.9 厘米，是用一整块罕有的绛红色玛瑙制成，有淡红和淡白条纹。

这种玛瑙材料，过去我们一看就到战国了，最迟也是到唐代的。大部分是西亚用来做珠子的，我们看到的缠丝玛瑙珠，都属于这类。所以有人认为天珠就是受其影响。早期的天珠都是自然纹理的，后来的纹理是人为干预的。

整个酒杯呈漏斗状。由于杯的造型模仿兽角，所以通称为“角杯”。杯的前端作牛首形，整个杯的装饰重心也在牛首部位。双目圆睁，唇边还刻画有细微的毛孔，有髭须。口鼻处留有一个孔，用黄金做了一个帽塞。这个帽塞是可以拔下来的，用黄金做，可见它的重要程度。牛首上有两个弯曲的角，角曲而长，但这两个角特别像羚羊角，它的面部更像牛而

图 6 唐代 莲瓣纹提梁银罐 陕西历史博物馆藏

不像羚羊。角尖分别与杯口的两侧相接，双耳向后竖起。有明显的异域风格（图 7）。

从它的饮用方式上讲，饮用的液体应该相对黏稠。早期西方的酒也是酿造的，有点稠，我们现在有的米酒还叫“稠酒”呢，所以它就能允许你拔开盖子还来得及喝。如果是非常稀的溶液，你一拔开这盖子，直接就滋脸上了。所以这个玛瑙杯非常适合喝流速较慢的液体，比如奶制品。

兽首玛瑙杯，不光有证物，历史上还有一段精彩的文献。

《旧唐书》中有这样的记载：“开元十六年，大康国献兽首玛瑙杯。”这记载太重要了！这让我们对它的认知就没有歧义了。因此何家村窖藏的这件玛瑙杯就不能排除是外国进献的礼品，如果不是进献的，也是粟特人带入中国交易的，最后流传到窖藏主人的手中。

有学者这样认为：这是唐代匠人根据西域风格仿造而成的，制作年代大约是公元 8 世纪前期，正值大唐盛世。这也不是一点可能都没有，但可

图 7 唐代 镶金兽首玛瑙杯

能性微乎其微。

如果是我们的工匠仿制的，就不应该孤立存在，它会有一定的数量，或者在别的工艺上露出蛛丝马迹。我们其实也有自己的角形杯，比如故宫博物院就有几件三彩的角形杯，但它们都不是从尖头部分留有孔而饮用的（图 8）。

这文献中说的大康国就是康居国，东汉以后就称康国，在今天的乌兹别克斯坦，它是撒马尔罕的昭武九姓的宗主国。有本书叫《撒马尔罕的金

图 8 唐代 三彩角形杯 故宫博物院藏

桃》，讲的就是这里面的故事。

康国是粟特人的城邦。粟特人是古代生活在中亚地区的半游牧民族，与传统的游牧民族经商不同，粟特人有很重的家乡观念，那就是他们的康国，与纯游牧民族走到哪儿都算一站完全不一样。它有点像我们的晋商和徽商。山西平遥那边的人，他们有非常清晰的家乡概念，无论到多远的地方经商，他们都要回来安家置业。比如他们去过俄罗斯，但最终还是要回到他们的家乡山西。

在晋武帝时期、北魏太武帝时期和隋朝的时候，粟特人都在这里经商。他们的贸易范围从拜占庭到中国，他们控制了中亚到印度河流域的南路，控制了丝绸之路上的贸易。

何家村窖藏的主人是谁？对于这个问题，学者一直争论不休。有人说主人应该是个粟特人，有人还说是杨贵妃呢，因为只有杨贵妃的身份能配上这些东西。

出土的一千多件文物中，金银器皿有 271 件，玛瑙器有 3 件，琉璃器有 1 件，水晶器有 1 件，玉带有 10 副，玉臂环有 1 对，金饰品有 13 件……件件都是国宝。

何家村窖藏发现的时候，那个地方是个看守所，但它当年可不是。它在唐朝的时候叫“兴化坊”，先后住过的人都是达官显贵，有邠王李守礼，有密国公封德彝，有晋国公裴度，有尚书租庸使刘震等人，这些人都有可能拥有这批东西。

说到租庸使，那是朝廷负责征收租庸调的官员。我们今天中学考历史的时候经常会考到租庸调制，租庸调制本身的意思就是“田租、身庸、户调”三合一的赋役制度。就是有田则有租，有身则有庸，有家则有调。“租”是交租金；“庸”是服徭役，出力；“调”就是绢匹织布，也就是调配财产。

租庸使是管理这方面最大的官了，比现在的财政部长官还大。后来国家意识到这个问题，就改为“两税法”，把租庸使给废了。

何家村这批宝贝，有可能是租庸使刘震替国家保管的，也有可能是他在位贪污的财产。总之，手里管着不少国家的金银财宝的这个租庸使刘震，他的家恰恰住在兴化坊。

那这批东西为什么要埋呢？专家学者研究认为是因为“泾原兵变”。为什么不是安史之乱呢？如果说这事儿跟杨贵妃有关，那埋藏的宝贝就应该跟安史之乱有关；如果跟刘震挨着，那就应该跟“泾原兵变”有关。

安史之乱是公元 755 年，泾原兵变是公元 783 年。这两件事之间，只差二十八年。二十八年在人一生中还算是个间隔，但在历史上只有一瞬。

如果这东西是杨贵妃的，那就是唐明皇塞给她的，她走的时候实在拿不了这么多东西。逃难的时候非常危险，拿着巨额财产，可能引起杀身之祸，大家都懂这个道理，所以先挖一坑埋了。据说杨贵妃埋完了也是一步三回头看着，恋恋不舍。

这些东西更有可能是租庸使刘震的。

据史籍记载，公元 783 年，长安发生“泾原兵变”，导致军队大肆抢夺金银财宝。租庸使刘震派人押着“金银罗锦二十驼”出城外逃，自己和家人随后赶来。为什么要随后赶来呢？因为他得先把这批宝贝埋了，而且这一定是在比较仓促的情况下埋的，所以埋得非常浅。

古代的财富堆积起来特占地方，跟今天不一样。今天这手指头一划，就把财产转国外去了，放在银行里可以从这个窗口存进去，从那个窗口取出来。古代可不行，古代为了财产的安全只能埋。

挖掘这批宝物的时候，这批宝物离地表只有80厘米，当时埋得更浅。因为历史上不断地有尘土在上面叠加，现在才有80厘米。埋得这么浅说明他马上就要回来。过去地主老财给子孙留的东西都埋得很深，因为他不着急。

这个刘震最终回来没有呢？他还真回来了。但他回来以后就投降了叛军，在叛军那边做了官。这事儿有点蹊跷，理论上讲，他应该把东西挖出来献给叛军，他可能还有点舍不得，或者说自己留一手，他没有说。希望有一天叛军也歇了，这些东西归他自己。

但事与愿违，朝廷平定叛乱、收复长安以后，刘震全家被满门抄斩！那他死前怎么不说一句？说一句也能拿钱买命。理论上讲，刘震如果把这批宝贝全献出来，要保他自己的命，这可能性微乎其微，但人死前总会抓住最后一根稻草，去试一试。那么从这个思路上讲，何家村窖藏的主人有可能不是他。

这事儿到今天就是个谜，不论多少学者研究，它将永远是个谜，你不可能在今天找到一个碑，这碑上有着跟法门寺一样的明确记录。所以考古一定有个遗憾，而这遗憾留给我们的，是无限的想象空间。

我们可以想象一下，假如唐明皇跟杨贵妃幽会完了，从怀里掏出这个玛瑙杯说："你看，我今儿送你一个好玩的。"你想想，这多有情趣。但如果是刘震在那儿，也掏出这件东西说："大爷，玛瑙杯送给你，能放我一马么？"这俩情节完全是两个感觉——一个是爱情，一个是求情。历史就是这样，留给你的都是谜，但正因为有这个谜，才让我们觉得非常有兴趣，让我们有动力追寻前人所做过的事情。

046

明万历·孝靖皇后三龙二凤冠

故宫博物院藏

扫码听我讲
国宝故事

这件宝贝，和明十三陵有关（图 1）。

大明朝是“十七朝、十六帝、十三陵”。

十七朝，是指明朝一共经历了十七个年号；十六帝，是因为朱祁镇当了两次皇帝，年号分别为“正统”和“天顺”，中间夹着他弟弟朱祁钰的“景泰”。

十六帝，为什么是十三陵呢？

十三陵是明朝迁都北京后十三位皇帝的陵墓，它是明代皇家陵寝的总称。除了埋葬在南京明孝陵的朱元璋和不知所终的朱允炆——建文帝之外，剩下的皇帝都应该在这儿，也应该有十四位帝王，少的一位，就是朱祁钰。他在“土木堡之变”的影响下，临危受命登上皇位。后来作为哥哥的朱祁

图 1 明十三陵大红门

镇夺回了皇位，当然不愿意承认朱祁钰的身份。最后，朱祁钰以“王”的身份葬在了北京西郊玉泉山下。宪宗即位时，复景泰帝号，将原王墓扩建为皇陵，现在称之为“景泰陵”。

永乐皇帝从迁都北京开始，他就要给自个儿找一墓地。古人对死亡这事儿都有思想准备，理解上比我们宽厚，自己给自己找一个墓地是皇帝很乐意的一件事儿。永乐七年（1409 年）春天，永乐皇帝为自己选择了一块风水宝地，他要给自个儿修陵墓，这就是我们说的长陵。一直到明朝最后一位帝王——崇祯皇帝葬入思陵为止，十三陵的格局在昌平天寿山下形成。明朝皇家除了在此修建十三座皇帝陵墓，还修了七座妃子墓、一座太监墓。这里埋葬了十三位皇帝、二十三位皇后、两位太子、三十余名妃嫔、一位太监。

这位太监是崇祯皇帝的太监，有名有姓，叫王承恩。就是陪着崇祯帝一起上吊殉国的那位，死得悲壮！明朝到此为止。他的身份和故事颇为详细，顺治还为他树碑立传。

当年为什么要选天寿山为皇陵所在地呢？

天寿山原来叫黄土山。中国的风水学中，有“龙脉”一说。中国有三条龙脉：南干龙、中干龙、北干龙，都发源于昆仑山。黄土山翻越太行、燕山蜿蜒而来，进入北京昌平，为北干龙的一条支脉，与“祖山”昆仑山一脉相承。黄土山前为广阔的华北平原，龙脉至此潜入地下。

永乐帝迁都北京前，召集了大批相士寻找“万年吉壤”，最后选定江西术士廖均卿推荐的昌平黄土山。永乐七年（1409 年）五月，成祖车驾临视，封黄土山为天寿山，大行封赏。

永乐十一年（1413 年）正月，天寿山陵墓建成，命名为长陵。自古帝王的阳宅要与阴宅同属一条龙脉，所以，在建成长陵后，又在龙脉上建了紫禁城。

为了表示与长陵是一脉相承的，特意将挖好的护城河的土堆成了万岁山，

图 2 定陵全景

这就是现在说的景山，因为当年在那儿存放过煤炭，过去也叫煤山。万岁山是龙脉的龙脊，它还能起到屏障紫禁城、不泄王气的作用。不管怎么说，景山这个景观确实有防风作用，冬天挡北风，是紫禁城的屏障。十三陵的主陵是明成祖的长陵，后来的子孙依次葬入，有献陵、景陵、裕陵、茂陵等等。

最为精彩的应该是长陵。如果要去十三陵参观游玩，对外开放的有长陵、定陵、昭陵和神路，其中的定陵因为它的发掘，被外界知道得最多。

我们要讲的故事，就从定陵的发掘说起（图 2）。

1955 年，我出生那年，时任北京市副市长，当时也是知名历史学家的吴晗，联合郭沫若、沈雁冰——沈雁冰即茅盾先生，写过《子夜》《林家铺子》，以及很多文化界的名人，向中央政府呈递报告，请示发掘长陵。

时任国家文物局局长、中科院考古研究所所长的郑振铎先生和副所长夏鼐先生认为，当时的技术条件无法妥善开掘与保护如此大规模的古墓及其所藏文物，提出反对意见，可惜未被采纳。由于长陵的面积太大，发掘工作难以进行，所以专家组决定先挖个定陵试试（图 3）。

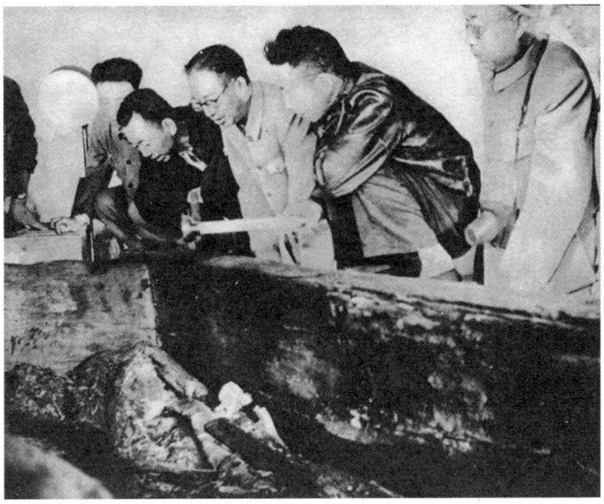

图 3 万历帝棺打开后夏鼐（蹲者）、郑振铎（右三）在指导工作

关于定陵，历史上的记载非常翔实。它从万历十二年（1584 年）十月初六这个钦天监测算的黄道吉日正式破土动工，到万历十八年（1590 年）修建完毕，历时六年，完工那一年，万历皇上才二十八岁。整个工程耗费白银八百万两，相当于万历初年全国两年的田赋收入。

定陵挖好后，闲置了三十年。终于，万历四十八年（1620 年），神宗皇帝驾崩，被葬入定陵。他过世入葬的时候是五十八岁，活得不算太短。他在明朝皇帝中算是比较长寿的。比他活得长的，第一个是朱元璋，活了七十一岁；第二个是朱棣，活了六十五岁。嘉靖跟他岁数差不多，就多个两三岁。但万历皇帝在位四十八年，是明朝十六位皇帝中，在位时间最长的。

公元 1572 年的六月十日，年仅十岁的朱翊钧登基称帝，诏告以第二年（1573 年）为万历元年，从此开始了他长达四十八年的皇帝生涯。

一提起他，大家就要提及他二十八年不上朝的“黑历史”。他当年之所以不上朝，主要有两个原因：一个是，他要立他最为宠爱的郑贵妃生的儿子朱常洵为太子，但朱常洵既不是皇长子，也不是皇嫡子，哪儿都不挨着，所以遭到群臣的反对，不上朝就算是无声的对抗了。再加上万

图 4 太极殿内景

历二十四年（1596 年）乾清宫、坤宁宫发生火灾，万历二十五年（1597 年）皇极殿（今太和殿）也被烧毁，万历皇帝就住到了启祥宫（今太极殿），他就更有了不上朝的借口（图 4）。

第二，是当时江南一带资本主义萌芽已经产生，老百姓的生活富庶，当时又有内阁辅助管理，社会较为稳定。其实不上朝和不理政是完全不同的两个概念，有学者就认为，内阁制有很多优点，与当时的政治架构是比较匹配的。

定陵当初建了六年，其实挖开它也就一年多的时间。一般皇家墓穴中的防盗都设有所谓的“机关”，定陵的机关是一块巨大的顶门石。顶门石的作用，就如同你要打开一道门，但门后站了一个人形成了阻力。在地宫封闭的时候，要把顶门石摆在正位置上，又想把地宫券门不留缝隙地封死，是一件很难做到的事情。

明清的墓门完全是按照人生前生活中的门样子做的，所以关门后中间一定留有缝隙。这实际上给后世进入地宫且欲打开券门的人留下了可乘之机。定陵地宫的顶门石，就是被考古工作者利用这个缝隙，又借助古书中记载的盗墓神器“拐钉钥匙”打开的。

1957 年 10 月 20 日下午，北京明定陵地宫的最后一扇石门被开启。打开后，里头还比较宽敞，定陵内最重要的一部分开始展现在世人面前。考古人员发现了静静摆在地宫里的三具棺木，它们分别属于万历皇帝、孝端皇后和孝靖皇后（图 5、图 6、图 7），互相也不怎么挨着。按照大众的思

图 5　万历皇帝像

图 6　孝端皇后像

图 7　孝靖皇后像

图 8　定陵地宫后殿

路，这些应该挨得很紧，但其实都隔得很远（图 8）。

工作人员首先打开了神宗的棺椁，发现其尸身四周放置了金碗、金执壶、金盆、金爵、金带銙等名目繁多的金器（图 9、图 10），以及玉盂、玉佩、玉带钩等各式玉器，尸身下铺垫有大量金锭、银锭、金冥钱以及各色宝石（图 11）。孝端皇后棺内的随葬品略少于皇帝，但仍非常丰厚。唯独孝靖皇后尸体上除放置少量金器外，几乎全是银器，身下铺垫的则是铜钱和纸钱外加五个银锭，棺椁内的随葬品也显得颇为寒酸（图 12）。

这明摆着，孝端比孝靖受宠。这孝端皇后是正式册立的王皇后，在位四十二年，是历史上在位最长的皇后。孝靖皇后也姓王，也是王皇后，这个孝靖王皇后的出身、际遇堪称传奇。

图 9 明万历 嵌宝石二龙戏珠纹金托、金爵 定陵博物馆藏

图 11 明万历 金锭 定陵博物馆藏

图 10 明万历 刻云龙纹金盒 定陵博物馆藏

图 12 明万历 银盂 定陵博物馆藏

图 13　孝靖皇后谥宝 定陵博物馆藏

图 14　各式木人俑 定陵博物馆藏

考古人员随后发现，与棺椁的寒酸不同，孝靖皇后棺椁旁有十几箱随葬品，箱内装的物品相当丰厚，有金器、玉带、玉佩、凤冠、册宝、袍服、鞋履及各式木俑（图 13、图 14）。

今天要讲的这件国宝：三龙二凤冠，便来自孝靖皇后棺椁南侧的第十四随葬品箱中（图 15）。

这件国宝现藏于故宫博物院，色泽鲜艳，富丽堂皇，堪称珍宝之冠。它总共镶嵌淡黄色刚玉 2 颗，蓝宝石 33 颗，红宝石 59 颗，还串缀了珍珠 3426 颗。

“刚玉”，大家听得可能不多。但你只要知道红、蓝宝石都属于刚玉，

图 15 明万历 孝靖皇后三龙二凤冠 故宫博物院藏

就知道其价值了。刚玉的颜色十分丰富，几乎包括了可见光谱中的红、橙、黄、绿、青、蓝、紫所有颜色。纯净的刚玉是无色的，当它含有不同的微量元素时，就会呈现不同的颜色。

再来说说这件凤冠的价值。

明代万历年间，有位文人叫陈汝锜，他创作过一本《甘露园短书》，其中就记载了万历二十七年（1599 年）各类宝石的价格。前面提到的红、蓝宝石和黄色刚玉为八十两白银一分。珍珠的价格为二十五两白银两分，那也折合约十三两一分了。当时的珍珠都是天然生长的，十分难得。

八十两白银在当时能买什么呢？可以用实物换算一下，一分重量的刚玉类宝石可以在当时买上一万斤大米！要按今天的米价，平均一斤两元到五元不等来算，也是不小的一笔钱。要是折合成工资，相当于一个衙门里的差役十一年的年薪，那就是一个公务员十年的工资了。

明代，一分仅换算为 0.37 克，用今天的国际宝石衡量单位“克拉”来算，是 1.85 克拉。再看那凤冠上的宝石与珍珠的合计数量，估摸着普通人几辈子也无法挣到。

再看看它在工艺制作上的特色。它除了用传统的镶嵌、累丝，最抢眼的是大量运用了点翠工艺。这与金色的龙凤相间，无疑是流光溢彩、锦上添花的创作。

什么叫点翠呢？以小聚多的都叫“点”，常见的还有“点蓝”“点染”“点螺”“点漆”。

点翠，实际上是金工首饰等装饰中的辅助工艺，在当时非常珍贵。首先，关于翠羽的获取，《珠翠光华》一书中《发饰篇》写道：“用小剪子剪下活翠鸟脖子周围的羽毛，轻轻地用镊子把羽毛排列在涂上粘料的底托上。”

翠鸟的羽毛以翠蓝色、雪青色为上品，颜色鲜艳，永不褪色。实际上从现有的点翠文物可知，“永不褪色”实属以讹传讹。并且，以活翠鸟取毛也是很残忍的。现在国家出台了法律法规，一般的点翠首饰均用替代品，比如染色鹅毛、同色的丝带等，效果与翠鸟羽毛相比，显得更为出彩，并且利于存放。

当时如此华丽珍贵的凤冠，如何出现在孝靖皇后的随葬品中呢？要知道，她死时只是皇贵妃，理论上没有资格享用这顶凤冠。

这就要讲讲这顶凤冠的主人孝靖皇后的传奇故事。

孝靖皇后姓王，最初仅是慈宁宫伺候李太后的侍女。万历皇上年轻的时候，有一天去看望母亲李太后，结果太后没在。此时，端茶的这个侍女就引起了他的注意。于是，万历临时起意，临幸了这个侍女。但这事儿有点巧，这个王侍女怀孕了！怀孕之事最后一定会被别人发现，太后就发现了。太后就问："你怎么怀孕了？"侍女就告诉了李太后，说这是皇上哪天哪天的临幸。万历皇帝一开始对这事不承认，试图隐瞒，太后就怒了，令太监拿来《起居注》查证，皇帝这才低头认错。

之后，王氏生下了皇长子朱常洛，被册封为恭妃。王氏本来可以一步登天，享受皇家的荣华富贵。但是，万历皇上喜爱的是郑贵妃，他想立郑贵妃的儿子朱常洵，所以朱常洛被万历皇帝百般嫌弃，而生下这位皇子的宫女王氏同时也遭到冷落。

当朝的大臣都反对万历皇帝立郑贵妃之子朱常洵，太后也出面干预，万历皇帝以轻蔑的口气说："这位皇长子是宫女之子。"这让李太后拍案大怒，因为李太后也是宫女出身。最后在太后的威严和群臣的支持下，万历二十九年（1601 年），朱常洛才被立为太子。但其母并没有因此翻身，日子依然不好过。

直到万历三十四年（1606 年），皇长孙朱由校诞生。他是长子长孙，王氏才被册封为皇贵妃。万历三十九年（1611 年），王氏去世，她去世前一直住在东六宫最北边的景阳宫，孤寂、清冷。她哭瞎了双眼，颇为凄惨。按身份，王氏并没有资格入葬定陵，只能在陵区的嫔妃墓安葬。其人生悲惨，生前被冷落，死后依然没什么待遇（图 16）。

可九年后，事情有所变化。万历四十八年（1620 年），万历皇帝驾崩，王氏所生的皇长子朱常洛即位。但朱常洛短命，即位不满一个月也驾崩了，

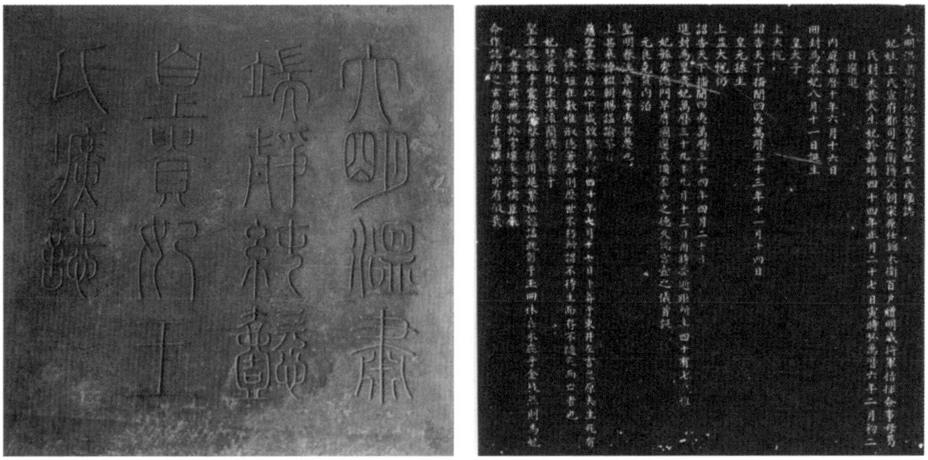

图 16　孝靖皇后墓志盖及墓志石拓片　定陵博物馆藏

接着，其长子朱由校即位，这就是那个喜欢做家具的天启皇帝。

新皇帝天启即位时仅十六岁。他有一门心事，想着他祖母受的不公平待遇，就给自己的祖母上了一个谥号，叫“孝靖温懿敬让贞慈参天胤圣皇太后”。皇上又将祖母的棺椁从原墓中迁出，与万历皇帝、孝端皇后一并葬入定陵。随葬品也进行了调整，两顶与皇后身份匹配的凤冠也在此时一并葬入。

当时，定陵出土了四顶凤冠。两位皇后各自两顶，龙凤的数目总和又相当，可见这是天启皇帝对他的祖母与孝端皇后身份相等的一个认可（图 17、图 18、图 19）。

人的一生经常在名利之间游走，对于皇家来说，天下都属于他们，名分显得比利益更加重要。孝靖皇后大概想不到，在她死后九年，她享受了皇后的最高规格礼遇，备置了相应的随葬品。她若九泉有知，也算一份告慰。

图17 明万历 孝靖皇后十二龙九凤冠
定陵博物馆藏

图18 明万历 孝端皇后六龙三凤冠
定陵博物馆藏

图19 明万历 孝端皇后九龙九凤冠
中国国家博物馆藏

047

商·青铜纵目面像

三星堆博物馆藏

1929年春天，四川广汉南兴镇月亮湾，有一名叫燕道诚的农民，在自己家门前不远的地方挖水沟，准备引水灌溉自己的庄稼。挖着挖着，他就发现了四百多块玉器！

广汉就在今天的成都市边上，距市区只有二十四公里。

燕道诚当时挖了四百多件，挖出来以后，悄没声儿的，没敢往家里放，就把这点东西分散埋在自己住房的四周。时间过去一年了，他看没什么动静，就取出了一点儿送人。

后来，这部分东西就慢慢流落到古董市场上。总会有人认知、有人明白，最后就转到了华西大学博物馆。华西大学博物馆1952年划归四川大学，更名为“四川大学历史博物馆”，再后来就是“四川大学博物馆”。

1934年春天，华西大学博物馆的美籍教授葛维汉，带着一名馆员，叫林名均，来到广汉考察，顺便挖掘。当时正值抗战，社会不怎么稳定，他前后就挖了十天。但十天也没少挖，挖了有六百多件！可见这地儿东西很多。可以说，1934年的这次考古是历史上第一次对三星堆遗址的正式挖掘，距今已经有八十五年了。

中华人民共和国成立后，四川的考古人员继续探索。四川考古学的奠基人、四川大学教授冯汉骥多次到三星堆勘察，他听说民国时期有燕道诚这件事，考古队员就有人主动去找燕道诚老人。几次沟通后，有了信任，老人就说，我这儿还有一批呢。于是，就把那些藏着的又挖出来，捐给了他们。

这事儿很快过去了十年。到 1960 年代以后，这个地方经常挖掘出很多东西，冯汉骥就预言说：“这一带遗址如此地密集，很可能是古蜀国的一个中心都邑。”这么说，这地方有可能是个都城。这是凭借他的直觉判断的，后来的事儿确实印证了他这个说法。

到了 1980 年代，改革开放开始了，三星堆开始大规模挖掘。四川考古界认定三星堆是一个重要的遗址，所以提出了一个概念，叫作“三星堆文化”。从 1982 年到 1984 年，考古队在三星堆一带找到了大量的文化堆积层，探明遗址的面积大约有四平方公里。四平方公里是很大的一块面积。

“三星堆”这个名字，本身特别有文学意象。“三星堆”其实就是那个地方有三个土堆，在它的北面有个月亮形、比较高的台地，所以当地人发挥自己的想象力，就有了“三星伴月”的说法。这不是个新名字，至少在清代就出现了，清代县志中有明确的记载叫“三星伴月堆”，听着特别玄幻浪漫。

中国文化遗址的名字很多听着就很有文化。三星堆，听着就很神秘。仰韶文化听着也很神秘，“仰”是仰望，“韶”本身是音乐，听着就特别有意思。

湖北、湖南的文化遗址也特别喜欢用堆、墩这样的字，比如“马王堆”、曾侯乙墓的“擂鼓墩”等等。其实这些“堆”就是个土包，鼓起来一块。古字也可能堆、墩不分。

到了 1986 年的夏天，三星堆一下子变得不得了，前后挖出来两个大祭祀坑（图 1）。以前讲过窖藏，讲过墓葬、墓出，也讲过遗址，三星堆算遗址。遗址有很多种，今天发现比较多的是工作遗址，比如陶瓷的窑口、皇家的御窑厂，还有就是生活遗址，而三星堆是祭祀遗址。

人为什么要祭祀？

最早是因为人们对大自然的敬畏和对祖先的崇拜，希望祖先的灵魂在

图1 三星堆祭祀坑

上天能够保佑自己。

在古代，人们对天象不能认知，对日月流星不能认知，不知是怎么回事儿，所以对它有敬畏。对气候的变化，比如风霜雨雪，对地震，都没有认知，对自然就产生崇拜。更多的崇拜还来自祖先崇拜，祈祷各种心愿。所以古人就要祭祀。

祭祀主要是满足那个时代人精神上的需求。而这个需求，远比物质更加重要。

历史分为远古、上古、中古、近古和近代五个时期。每个时期都有各种各样的精神需求。这种需求是延续的、发展的，比如说北京，天坛、地坛、日坛、月坛、社稷坛、先农坛等等，这些都是祭祀的场所，是我们祖先精神上的追求。回过头看三星堆，那是上古时代的精神追求。通过现在的遗迹、出土的文物，能够想象当时场面的隆重，甚至比后来的祭祀还要隆重。

三星堆出土的重要文物之一，就是要讲的这件青铜纵目面像，现藏三星堆博物馆（图2）。二号祭祀坑出的这件文物颇为巨大，宽有138厘米，

图 2 商代 青铜纵目面像 三星堆博物馆藏

138 厘米基本上就是我伸开两臂的距离；高有 64 厘米，想想看，仅是一个面像，就有 64 厘米高（图 3）。

这种青铜面像，过去统称青铜面具。面具，如果从准确的字义上讲，应该是能戴在脸上的，所以现在很多专业书上，把这种青铜面具改称为青铜面像，因为它不直接戴在脸上。这个面像，嘴巴宽，耳朵大，耳朵向斜上方伸展，极为夸张。额头中间有一方孔，这方孔上面应该是有镶嵌物的，现在可惜没了。

这个面像最为奇特的是两个眼睛呈柱状，向外凸出。拿尺一量，凸出大概有 16 厘米，16 厘米基本上就是我们手里握着的望远镜的长度。它的眼睛和耳朵，跟我们常说的千里眼、顺风耳极为贴近。另外还有两具，跟它很像，但没这么大尺寸。这个造型，查遍了全世界的资料，只此一份，独一无二。

我看到这件文物，是 1990 年代的事儿了。当时在北京的历史博物馆，

图3 三星堆出土青铜纵目面像场景

就是今天的国家博物馆。三星堆文物头一次进京展览，那回我跟着很多中国的顶级文物专家到达现场，比如傅大卣先生、程长新先生，他们都到场了。现在这些先生都作古了。

那些老先生都说这东西没法解释。看的时候，老先生都说，如果不是正式挖掘出土的，谁都会觉得这事是胡来，不可能有这么个东西，它跟已知的青铜文化几乎没有关联。我们知道的青铜文化，实在是找不到跟它类似或相近的东西。但是在仔细看的时候，傅大卣先生说，器物的细部纹饰和同时期的青铜纹饰还是能找到对应的，比如大立人像身上的龙纹、回形纹，铜尊上的云雷纹、夔龙纹等等，这些都跟商周时期青铜器上的纹饰很接近（图4）。

我记得当时很多专家边看边讨论，说这不就是千里眼、顺风耳嘛！千里眼、顺风耳怎么表现呢？古人认为眼睛越凸出来，看得就越远。现在科学上知道，眼睛越凸出来，看得就越近，近视眼就是这么形成的，所以，近视眼的眼睛就有点向外凸。扇风耳拢音，听得远。从某种意义上讲，它是用形象来解释抽象的意义，千里眼、顺风耳是很抽象的，所以它必须用形象的方法去解释，就造出这么一个造型极为夸张的面像。

到底是不是这个意思呢？我们也不清楚。

图 4 商代 青铜大立人像 三星堆博物馆藏

这个造型这么独特，他是谁？

学术界的学者们经过长时间研究，觉得他跟第一代蜀王蚕丛有关。一说蚕丛，我们第一次被普及是李白的《蜀道难》："蜀道之难，难于上青天！蚕丛及鱼凫，开国何茫然！尔来四万八千岁，不与秦塞通人烟。"

李白说得对，他写的这事儿，跟咱们考证的差不太多。关于蚕丛，《蜀王本纪》中有记载："蜀王之先名蚕丛，后代名曰柏灌，后者名鱼凫。此三代各数百岁，皆神化不死。"李白说蚕丛与鱼凫，实际上就是从里这来的。

蚕丛又叫蚕丛氏，古代神话传说中的蚕神。这么看，蜀国养蚕还是有传统的。蚕丛是蜀国首位称王的人，他是养蚕的专家，最早居住在岷山的石室，后来率部落从岷山到成都平原居住养蚕。日子一过好了，夏桀就派将军扁来攻打蚕丛，蚕丛送美女给夏桀，夏桀被美女一迷惑又不打了。

这就是个传说，不知真假。但我们真有俗语可以验证这事！过去有句老话说：少不入川，老不出关。就是四川美女太多了，不仅美，还有手腕，一去就没斗志了。你们说少不入川，是不是与夏桀的故事多少有点关联呢？

蚕丛率部一路迁徙，一路风餐露宿，来到广汉三星堆。三星堆这个地方原来已经有了部落，但是没有他强大，蚕丛氏就将其吞并和同化了。这次迁徙是有证据的。证据就是蚕丛从岷山向南迁入成都平原的路线，《蜀中名胜记》先后记载有蚕崖关、蚕崖石、蚕崖市，就在汶川、都江堰境内，他走过一路留下了一路的名字，所以说历史上还真有这么回事。

再回到这个面像上。这个面像有个特点，它有个横向肌，在眼睛下面。你们看那些面像上，都有这个横向肌。这个横向肌我当时记得非常清楚，因为所有人都说面相怎么这样。

过去认为，脸上有横肉的人都是比较野的人。中国人的面像都是比较平滑的，不塑造起伏，比如看兵马俑、汉俑，看辽代出土的面具，脸部都是平滑的，都没有这条肌肉的表现（图 5）；而这组面像不论大小，都有横向肌。当时就有人说：今天四川的山民，注意看，他脸上还有这道肌。这道横向肌的塑造是有本的。从这点上讲，这个形象很清晰地来自四川古蜀国的山民。

图 5 秦代 铠甲御手俑（局部）
秦始皇帝陵博物院藏

蚕丛从深山里下来到了平原，因为有养蚕这个技术，很快发迹，变得比较富裕。富裕了就要追求精神生活，祭祀就显得更加隆重。这两个祭祀坑出土了文物八百多件，净是大件的。最大的青铜树，有3.96米高（图6）；青铜立人2.61米，今天全世界长得最高的人也没这个高度。这些都是中国有案可查最大的青铜器，这么大的稀世珍宝，它不可能是私人拥有的，一看就是国家宗庙行为。但这些器物很奇怪的现象就是，这么多大型器物都被砸坏、焚烧，按一定顺序扔进祭祀坑，这是为什么呢？

图6 商代 青铜树 三星堆博物馆藏

现在绝大多数学者都认为这是祭祀坑，因为两个坑朝向一致，东西摆放有序，那么非常可能就是经过一次祭祀活动遗留下来的遗存。

今天，我们去祭祀的时候要烧纸，这是残留的文化痕迹。至少也要点支香，也是要见火的。尽管今天提倡文明扫墓，不允许乱烧，怕引起山火，但墓地都有一个专门的焚烧区，到那里点燃想烧的祭物。中国人觉得只有烧了它，才能把它带给逝去的人。

我们推测这种点火烧是很正常的事。《礼记》中也有记载，说："天子适四方，先柴。"因为烧火的时候，会有烟气和味道，会被天神闻到。至于青铜器为什么要砸碎呢？现在有一种说法：有的墓葬里出土的东西都有缺损，就是成心要碰个口，是为了给死人用。为什么要砸碎？这是什么道理？我们并不清楚。但在今天的生活中还能看到一个事儿，就是出殡，尤其在农村出殡，前面的长子一定要摔盆，据说是摔得越碎越好。我碰见过一个事，有一个人，他爹死了，这儿子摔盆的时候腿一软，盆就坐地上了，没有摔碎，所有人都认为这事不吉利。所以今天摔盆的时候一定要把它摔碎，这就是遗留下来的文化痕迹。从某种意义上讲，它跟烧物的道理相通，都是以毁物为祭。

那祭祀的目的是什么呢？我们现在真的不是很清楚，可以猜测一下。一般而言，过去的祭祀，一个是过去式，重要人物去世，怀念重要人物，祭祀祖先等等；一个是未来式，祈求未来，比如祈求风调雨顺、来年丰收，要出征打仗了，祈求胜利。两个都是未知的世界，用祭祀的方法去祈祷。

今天看到这个面像的时候，对古人内心所想，能够猜测的三星堆祭祀坑古蜀人的意图，可能知道的百不足一二。只能按照我们自己已知的、已掌握的知识做出一点点推测，实际上当时的古蜀人怎么想的，不仅现在不知道，未来也可能永远不知道，这就是文化。文化还有一个特征，就是随时死亡，让一种文化现象永不消亡，是做不到的。新的文化一生成，旧的文化就会死亡，这也正是文化的魅力。

048

商周·太阳神鸟金箔

金沙遗址博物馆藏

四川三星堆的青铜纵目面像给我们留下的印象深刻，过目不忘。它有千里眼和顺风耳，有人说它是外星人。它从天而降，倏然而逝，最后不知去了何方，三星堆成了不能破解的谜题。

时隔十五年，又发现了金沙遗址，它跟三星堆遗址只间隔三十八公里，今天我们开车二十分钟就到了。这三十八公里的距离，如果按照正常的走步，一个人一天也走到了，从早晨走到晚上，保证你能走到，这么看这个距离就不算很远。

三星堆遗址和金沙遗址，这两个遗址的兴废年代前后衔接，它们有很多相同的文化现象和相似的文物，证明它们之间有着密切的关系，应该都是古蜀王国的中心遗址。金沙遗址出土的大量文物证明：金沙人在政权、祭拜、审美等方面都跟三星堆有着很近的关系。金沙遗址一看，它就不是一个一般的聚落群，它明确地是一个具有区域中心地位的政治、宗教的文化中心（图1）。它与三星堆构成了成都平原从商代晚期到春秋早期非常独特的青铜文化，与中原文化有着很大区别。

导致三星堆古城废弃这一重大事件发生的原因，有多种说法。有河道改道之说，有部落冲突之说，还有很多说法到今天都不能有确切的证据。当时古蜀国的权力中心，很有可能从广汉移到了成都市区。如果这个推测成立，金沙遗址很可能就是商代晚期到春秋早期古蜀国的都城遗址。

金沙遗址被发现于2001年2月8日。正在盖房子的工人在施工过程中偶

图 1 金沙遗址

然发现了金沙遗址。先是发现土堆里有一些玉器和象牙（图 2、图 3），当时马上就有人打 110 报了警。警察一来就把人驱散，马上封闭了现场。

为了调查已被哄抢的文物，还成立了专案组。专案组走街串户，到处打听，最后收缴了各种文物一百多件。这些文物半数都可以列为国家一、二级文物。后面的挖掘不断地有发现，有大型宫殿的遗址，有祭祀台，有古蜀大社，还有众多的出土文物，等等。

历史是由文字和证物相互印证的，没有文字的时候就得靠证物。金沙遗址就是典型的靠证物来说话的，因为历史上没有文字记载。金沙遗址的发现把成都的建城史推到了三千年前。

在所有的文物中，有一个东西，一开始一点都不起眼。出土的时候，就很小一团，粘着泥，仅露出一点金色，因为它是纯金的。这件金箔经过专业人士展平，发现非常薄，它经过热锻、锤打、剪切、打磨、镂空等各种工艺，最终形成了非常现代化的图形，像一个太阳和它的光芒，旁边还有四只鸟。它的直径不大，只有 12.5 厘米，一个巴掌大小。

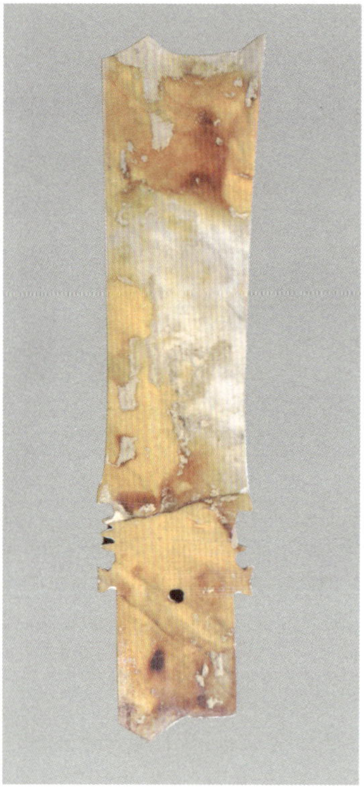

图2 商周 玉璋 金沙遗址博物馆藏

图3 金沙遗址象牙出土情况

这件金箔后来被定名为“太阳神鸟”，现在是金沙遗址博物馆的标志，也是成都市的形象标志，更是中国文化遗产的标志（图4）！

“太阳神鸟”，是我们的定名，并不是古蜀人的定名。这件金箔的设计非常现代化，它中间镂空后，形成了旋涡状的光芒，光芒并不是直射的，四周有首尾相接的四只神鸟，构成了一个完整的图案。这件金箔从美学角度上讲无可挑剔，因此2005年国家文物局将它定为中国文化遗产的标志。当年的10月份，绣着“太阳神鸟”的蜀绣，还被“神州六号”载上了太空，可见它的重要性。

为什么这件金箔这么重要呢？

第一，它的形象独特，极具艺术表现力，内涵丰富，不可言状。没法儿说，

图 4 商周 太阳神鸟金箔 金沙遗址博物馆藏

也说不清楚，反正是一看就特激动，还是那种特别的激动。这是它最重要的特点。

第二，它的材料是黄金。黄金从古到今，从中到外，是全世界通行的一个标准，什么东西一到用金就算用到头儿了。现在有很多材料比它贵，但都没用，黄金是人类共同的一个财富标准。这个标准，也源自黄金的物理性，它不腐不朽，颜色悦目。在各国文化中，对黄金都持以敬意，比如埃及法老的金面具（图 5）、古代希腊文明中的黄金面具。

第三，由于黄金的稀有性，获得它很难，它象征着权力。比如三星堆还出土过权杖，裹金的权杖，象征着权力。由于黄金稀少，各国文化都用黄金跟神灵沟通。

这件金箔为什么做成“太阳神鸟”呢？

这一定与人类崇拜太阳有关，只不过这个在太阳周围加上了鸟的元素。

图5 约公元前1325年 金面具
埃及博物馆藏

古人认为，太阳没有翅膀，怎么去完成东升西落呢？他们就很浪漫地认为，是鸟把太阳背到天上去的，晚上把太阳再背下来。所以《山海经》中就有“金乌负日”的记载，这种神鸟叫三足金乌。

古人认为三足乌这种神鸟早晨从东边一棵叫扶桑的树上，把太阳托起来，飞到西边一棵叫若木的树上休息，“日出扶桑，日落若木”。太阳代表着阳，鸟是男根崇拜的象征，每个小男孩儿都有个小鸟鸟儿；嫦娥奔月，月亮上有只蟾蜍，蟾蜍是多子的，代表了阴。中国这个阴阳观念一直都是这样流传下来的。

也有人认为，太阳神鸟金箔上有12道光和4只神鸟，这跟历法有关，有可能代表一年12个月和一天12个时辰。“4”有可能代表“春夏秋冬”四季、“东南西北”四个方向，也有可能代表一年的四时——“春分、秋分、冬至、夏至”。太阳光顺时针旋转，鸟逆时针飞行，一正一反，一阴一阳，也有可能代表生命，象征生生不息。

当太阳和鸟结合在一起的时候，阴阳观念就形成了，这与人类进入父系氏族社会的时间大致相当。男权制度建立，国家就开始形成。太阳、神鸟和祖先崇拜有着密不可分的关系。

这件金箔这么重要，为什么做这么薄呢？它为什么不做大点儿、做厚点儿呢？从体量上看，它只有一个巴掌这么大，很像一个族徽类的东西，像一个标志。发现时被揉成团了，它非常可能原来依附在一个东西上，比如一块木板。从它的形象和动感上看，我们推测它是一个徽记。不仅是后来我们把它作为金沙遗址最重要的文物，想必三千年前，它也是金沙一个很重要的物件。

巴蜀，这是两个地方的概念。中国很多地方都是把两个地方的名称捏在一起说的，比如今天经常说的“齐鲁大地”——齐国和鲁国，“燕赵之乡”——燕国和赵国，“吴越春秋”，等等。这些都是一个比较大的区域内两块文化的组合，这两块文化都有同有异，有冲突有融合。

在战国以前，巴蜀分为巴人和蜀人。巴人主要分布在现在的重庆、川东以及周边一些地区。“巴”在古语中有“吞食大象的巨蟒”的意思，巴人的图腾就是蛇和虎。而蜀人，主要分布在四川盆地平原地区以及周边的山区。“蜀”的古义是“葵中之蚕”，蜀人的图腾就是鸟。他们塑造了两个不大相同的蜀文化和巴文化。战国以后，慢慢地人们就把这两个文化合并了，称之为巴蜀。我们现在知道巴蜀之地为天府之国。陆游还写过：“看尽巴山看蜀山，子规江上过春残。”

过去有一种说法：巴有将，蜀有相。这种说法反映了巴人好武、蜀人好文的风气。这种风气在今天的巴蜀文化中还处处可见。巴人，原始朴素，性格直率，勇猛好武。蜀人，神思悠远，浪漫好仙。这个特点从三星堆遗址到金沙遗址都可以看得很清楚，从千里眼、顺风耳到太阳神鸟，这些都反映了巴蜀人崇尚神仙、向往长生不老的愿望。我们所看到的三星堆到金沙遗址留下来的遗物，只不过是这种愿望的一个证物。其实，每个民族和文化都有祈求生命生生不息、延绵不断的愿望，太阳神鸟以其独特的方式为我们提示了这一美好的愿景。

如果，我们说如果，如果没有金沙遗址的出土，我们真的不能想象巴蜀大地上，曾经有过太阳神鸟这样动人的文明。

049

元·渎山大玉海

北海公园管理处藏

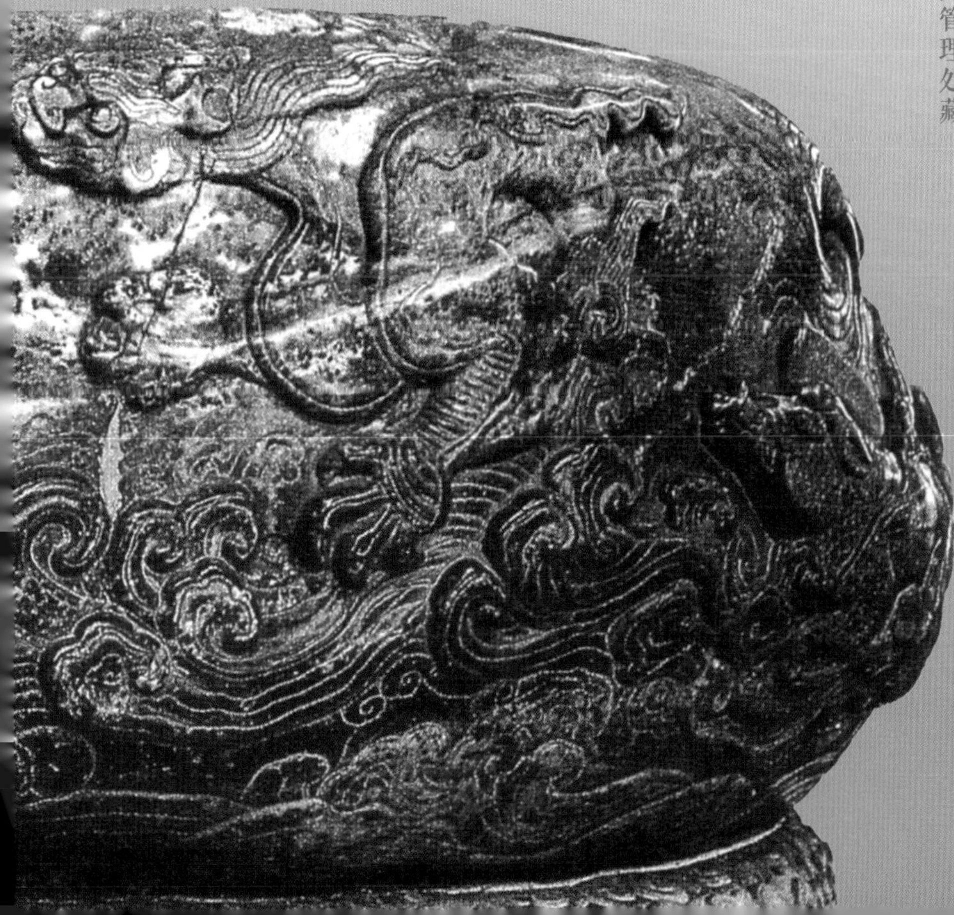

故事要从元中统三年讲起。

这一年是 1262 年，忽必烈尚未定都北京，他是在至元九年，也就是这一年的十年之后——1272 年，定都北京的（图 1）。过去一说北京的都城史就是以 1272 年忽必烈定都大都（今北京）为准的，后来又往前追溯到金代贞元元年（1153 年），完颜亮在北京建金中都为起点（图 2）。

其实，在忽必烈定都前十年，他自己心里就开始准备了。当时在琼华岛，今天还叫琼华岛，北海公园内“燕京八景”之一的“琼岛春阴”，说的就是这个地方。忽必烈在琼华岛开始修建广寒宫殿，他当时的目的不是每个人都知道的，但他自己心里明白，他想在这儿建立一个大都市（图 3）。

图 1 元世祖像 台北故宫博物院藏

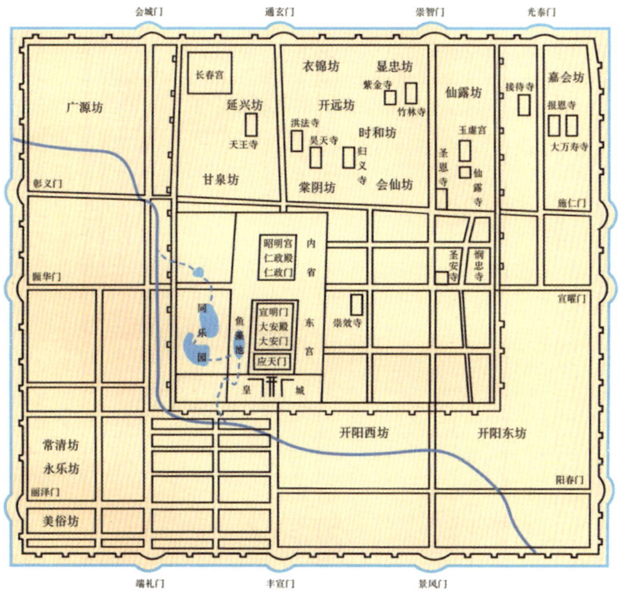

图 2 金中都城垣图

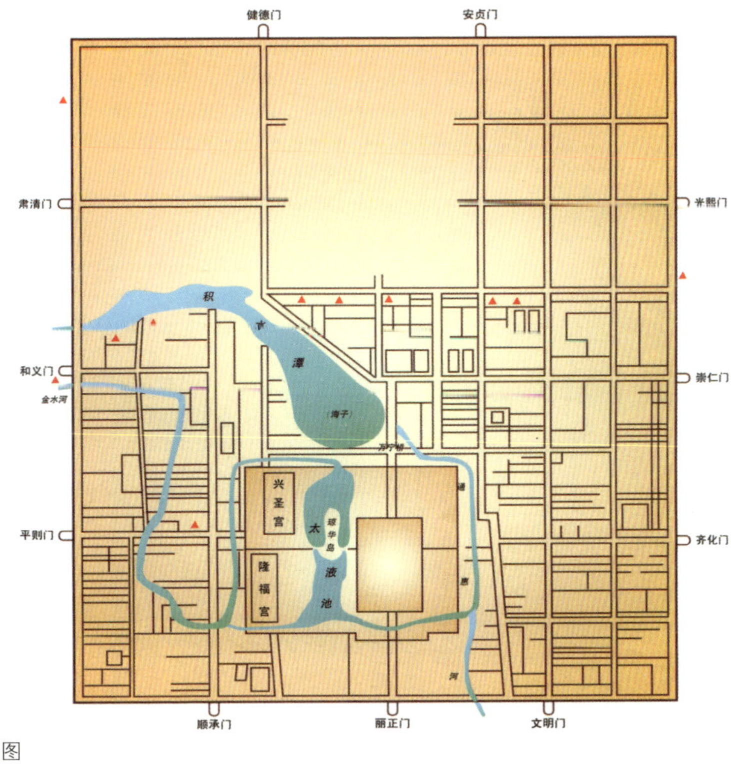

图 3 元大都城垣图

忽必烈是蒙古人，他按照蒙古可汗的一些礼仪来设置，其中宫殿里要设置大酒瓮和马头琴。这酒装在瓦盆里显然不够高级，就打算找一块大玉来盛酒，可这玉不那么好找。

中国古代四大产玉的地区，首屈一指的是新疆和田，其次是河南的南阳，接下来是陕西的蓝田，以及辽宁的岫岩。但中国产玉的地区远不止这四个地方，我说过至少有一百倍，中国至少有四百个地方产玉。这些地方很难找到大玉料，所以就从渎山找了一块大的墨玉料，请工匠精心雕刻成世界上最大最重的玉瓮，这个玉瓮就叫“渎山大玉海”（图 4）。

关于产玉之地“渎山”的考证，乾隆皇帝个人认为，“渎山”就是当时放置大玉海的琼华岛，也就是今天北海的琼华岛。他说“四面皆有水围”就叫“渎山”。但事实上，琼华岛在历史上从未叫过“渎山”这个名字。乾隆否定“渎山”是玉材产地的说法，至少他有依据，提前做过功课，查证过史料，史料上是这么写的：“渎山乃蜀之岷山，不闻产玉也。”

皇上说了一句，否认了渎山是产玉之地，非常武断，可谁让人家是皇上呢？没人敢反驳。事实上，“渎山”确实是“蜀之岷山”，在今天四川

图 4 元代 渎山大玉海 北海公园管理处藏

省西部，也是我国历史上重要的产玉地。从地理构造上看，岷山山脉是昆仑山脉的一支，一沾昆仑山脉就出玉。昆仑山脉的各分支脉，比如新疆、青海、甘肃、西藏、四川都产玉，这些玉同属于一种地质原因形成，地质学上管这种玉叫“软玉”，是相对于硬玉而言，硬玉就是翡翠。

忽必烈于 1253 年征服了“大理国”，这就包括岷山一带。如此巨大的岷山玉料一定是从长江水运，一路运到北京，这比从新疆运到北京要方便很多。

那它为什么叫“渎山大玉海”呢？要知道，蒙古语中管湖泊都叫“海子”。北京市内的湖泊都称之为“海”，“南海”“中海”“北海”“后海”“什刹海”，指的都是大片水域。“海”这个字本身的意思，还表明容量极大。比如今天说“大海碗”；比如说这人能喝，说“海量”；北京话说这东西多了去了，就说“海”了去了，这个“海”就是表示量大。所以，“渎山玉海”就已经足够表达这个意思了，为什么非要再加个“大”字呢？这叫两次强调，表明这东西超大个儿。

这个大玉瓮有多大呢？它高约 70 厘米，长有 2 米多，膛深有 55 厘米，约 3500 公斤，是个椭圆形的。这要搁今天，放在露天，再赶上有一温泉，您进去就能泡澡，就这么大个儿。

这个玉瓮“可贮酒三十石”，就是能盛三千斤酒。它的周围浮雕波涛汹涌的大海，中有各种海兽，比如海龙、海马、海猪、海鹿、海犀等等，以阴阳不同的各种线条表现海中动物的细部，以不同的纹样表现海的激流、旋涡和波涛。各种海兽出没于惊涛骇浪之中，整个造型气势磅礴，形象生动。

我们都知道蒙古人的豪迈不仅仅表现在骁勇善战，还体现在惊人的酒量，可以说蒙古人个个都是“海量”。饮酒被蒙古人视为人与人之间增进感情的重要方式。

图 5 元太宗像
台北故宫博物院藏

元太宗窝阔台，以及他的儿子元定宗贵由，都是酒量过人的大汗，但这两位大汗的死因都和无节制的饮酒有关（图 5）。蒙古大部分皇帝或多或少都因为酗酒而短寿，只有元世祖忽必烈寿数最长，活到了八十岁。

回到渎山大玉海，玉海膛内光素无纹，只刻有乾隆皇帝三次为玉海所作的三首七言诗以及他加的注释，当然，这些都是后来的雕刻。

那么，大玉海最初的雕造时间是在什么时候呢？《元史 · 世祖本纪》中记载：至元二年（1265 年）十二月“己丑，渎山大玉海成，敕置广寒殿”。这是最早见于史籍的一个记录，大玉海从制成至今已有七百五十多年的历史。

一开始说到元世祖忽必烈入主中原后，以金代的琼华岛为中心，将琼华岛改名万岁山，在山上最高处建起广寒殿。他要在这里大宴群臣，可以想见当时忽必烈与他的功臣们围绕着这个绝世的大酒瓮开怀畅饮，是何等豪放。可世事多变，三百多年后，明代万历年间，广寒殿倒塌，大玉海一时不知去向。

明代在南长街西北角有一御用监的衙署，清代改为道观，名真武庙。算起来这真武庙距团城还真不太远，也就一站地的路程。这真武庙真不大，不知从何时起，庙里多了一个大石钵，具体什么情况，谁也说不清楚。这东西只有一个作用，就是拿来腌菜。

到了康熙五十年（1711 年），重修这真武庙时，有人才发现这腌菜的石钵不大像石头的，倒是有点像玉。于是赶紧把腌菜掏出，把它清洗干净。

玉跟石头的区别到底在哪儿？我告诉你，它们的区别还真不大，界限不清。古语中是这么说的："石之美者为玉。"只要看着它漂亮，它就是块玉，那不漂亮的就不是玉。非把石头和玉那条界限划出来，实在是划不出来。

人们把这个"腌菜钵"洗干净了，再往里面储上水，放进些山石，以表明南海普陀之意，就置放在观音大士面前供着了。从此这真武庙也改了名，叫玉钵庵。连庵前的那条胡同，也改名叫玉钵胡同，这玉钵胡同到今天都还在。但说来说去，谁也不知道这玉钵打哪儿来的。

直到乾隆年间，赐居在这一带的翰林院学士来这庵里游玩，看见这口庞大的玉钵，认为这庞大之物绝非民间器物。后经反复考证，发现这就是丢失数百年的元代广寒殿中的大玉海。

为什么乾隆时期的文人能考据出来呢？因为考据学自乾隆时期开始蓬勃发展，尤其是乾嘉学派出现，上至天文地理，下至历代典章，都拿来做学问，那时候的人见个东西就给考据考据。

这学士回去后就把这玉瓮发现的消息上报了，消息层层传递，最终到了乾隆皇帝面前。这乾隆皇帝，第一，好大喜功，第二呢，好古，喜好历史文物，所以他立即"令以千金易之，置承光殿中"。

乾隆皇帝对待文物的态度那是真好，人家没说我是皇上，这东西就拿我们家去吧。皇帝是花了大钱的，"以千金易之"，让它荣归故里，重新搬回团城的承光殿中（图 6）。

放回承光殿有个好处，离故宫近。你想想，乾隆爷哪天晚饭吃多了，遛个弯儿，从西华门出来溜达溜达就到团城了，反正没多远。这段儿都是我们想象的。

图 6 重回团城的渎山大玉海

乾隆皇帝在欣赏完大玉海以后，对它做出了自己初步的判断："盖金、元旧物也。"乾隆皇帝赏古还是挺有眼力的，这东西就是元代的。

接下来，乾隆皇帝就开始诗兴大发。他的诗兴每天都发，一天发两回，早晚各一回，不发不成。为什么呢？乾隆皇帝一生写诗四万多首，他活了八十九岁，人生经历大约三万二千天，除去幼年时代，他能写诗的日子里平均一天就得写两首，要不然凑不上这数。

乾隆皇帝写完御题诗以后，大臣马上就拍皇上的马屁，说这诗写得太好了，要把它刻到玉瓮上去。这一句话说出来，造办处的人就开始皱眉了。为什么？你知道在这么大的玉器上刻字有多难吗？过去的玉，体量都小，拿在手里，你怎么刻、怎么砣、怎么转都方便。但这么大的一块玉，你是挪不动它的，要往它上面去刻，得趴在上头，你可以想想那个难度。

首先，这些御题诗要刻在器物的内壁上。雕刻需要事先找平，刻字不找平不好刻呀，这东西历经了那么多年，里头都有使用的痕迹，坑坑洼洼的。这就苦了这帮工匠了，先要清洗、修复、琢磨，最后把这字刻上去。

清宫内务府造办处记载，对渎山大玉海的第一次清洗是在乾隆十年，或者是十一年，就是发现玉海不久就进行了“刮苔涤垢”。这次清除污垢后，玉海表面有许多不清晰的地方，所以乾隆十三年又“奉上谕”，将“玉瓮上的水兽、水纹，俱着磨细”，就是把那些纹饰加深一点。

乾隆皇帝对待文物的方式跟我们今天有点不一样，我们今天是尽可能保持文物的原态，能不动就不动。乾隆皇帝说，这东西的纹饰有点模糊了，我再把它弄清楚点。就是给它美颜、磨皮，都是“美图秀秀”干的事儿。

乾隆十四年，皇上又下旨，说“着王大人派造办人员监看、修琢、磨做异兽鬃毛、花纹”。美颜后，皇帝依然觉得不够意思，就再来一回。

乾隆十八年，造办处奉旨将“玉瓮龙鳞、海兽等鳞甲，照小玉瓮龙鳞一样刻作”。为什么还有一件一模一样的小玉瓮呢？乾隆对这件放在团城的玉瓮太喜欢了，朝思暮想，可这东西又搬不到宫里去，所以就照着原样做个小的，搁屋里可以天天看。今天这小玉瓮就在北京故宫的乐寿堂。同样在乐寿堂展出的，还有一件乾隆时期著名的大型玉雕——大禹治水的玉山子。

最后乾隆皇帝派官员“轮流带光玉匠李进孝、刻字匠李世金监看刻磨”。由此可见乾隆皇帝对这尊大酒瓮的偏爱。

什么叫光玉匠？光玉匠是专门打磨玉器的工匠。所有的光玉匠都有个显著的特征，就是性格特别好。我们老说这人“三棍子打不出一屁来”，这人最适合去做光玉匠，你只要一着急，就干不了这活儿。

古代的光玉匠手里可没有砂轮、砂纸这样的工具。当时的工具只有两种，一种是硬碰硬的叫“油石”，要慢慢“碚”它，花功夫；另一种是软质的草，叫“莝草”。这莝草就生长在水边，一遇水，身上那毛刺儿就奓起来了，特别扎手。工匠握住这莝草，拿麻绳一捆，那么一把，在器物上不停地“掇”，一点点地打磨。

除了这光玉匠，还有刻字匠。为什么要有刻字匠呢，这事儿特别有意思。过去刻字的人，一定要写一笔好字，写不出来，就刻不好。不是说照着样嘛，照猫画虎地刻不行么？但那样要刻出书法、笔体的韵味，你就做不到。这种刻字师傅的学问都大着呢。当年的工匠，在我们今天都是艺术家。

说到这儿，回到乾隆皇帝这三首御题诗。这三首御题诗共56句，加上前言，共476个字。这诗呢，我替大家都看过了，说实话，这诗大家实在没必要去了解，生僻字一大堆，内容生涩，念完一遍甭说您，连我都如堕五里雾中。全诗只有两句通俗易懂，叫：“琼岛春阴万景全，广寒高殿青云拂。”

你们可能想问一句，这尊渎山大玉海最早不是放在广寒殿吗？怎么被乾隆挪地儿了，放在团城的承光殿了呢？

广寒殿早在明代万历年间就倒塌不复存在了，顺治帝在广寒殿原址上修建了白塔。于是渎山大玉海就被乾隆皇帝放在了与原址遥相呼应的团城的承光殿。这一放就是二百七十多年，直到今天再没动过。因为这东西太重了，实在不方便搬动。

这里还有一个小插曲，当初乾隆皇帝下令将玉瓮“置承光殿中”，兴许这东西太重了，实在搬不进殿里，工人没辙了，便撂门口了。皇上说，搁这门口可以，但你给它再盖一个亭子。现在我们去看玉瓮可以看到的这个小亭子，就是乾隆皇帝专门为渎山大玉海定制的。所以渎山大玉海的放置有点半露天的性质，它既不在屋内，也不是户外。这些年为了保护文物，又在器物外面加了玻璃罩。

中国有两件国宝级的大玉器，一件是大禹治水的山子，在北京故宫的乐寿堂；另一件，就是这回讲的渎山大玉海，在北海的团城。这两件东西都有山有水：大禹治水山子、渎山大玉海。你看中国这事儿呢，要想好，就得有山有水，还得有情怀。

050

五代·吴越国银鎏金阿育王塔

浙江省博物馆藏

先从一个唐传奇讲起。

这个传奇说的是唐元和二年（807年），盐铁使的侄子，甘肃陇西人李黄，办理官职调动来到长安。他办完公事，得空到东市去逛一逛，逛着逛着，不经意间，在市场中看到了一位白衣女子。这白衣女虽未施粉黛，但举手投足皆是美态，李黄一见便暗生欢喜。细一打听，才知道这位白衣女子是一位寡妇。李黄顿生恻隐之心，马上拿出点钱财，买了些布帛送予白衣女子。

白衣女子收了李黄的礼物，便邀请李黄到家中小坐。李黄也没推脱，就随着人家到了住处。到了以后，听这白衣女子的家人说，家中至今还有一笔外债没还清，全家人正为这事儿发愁。李黄说不必愁，当即派仆人取了钱送来白衣女的家中。这下有钱还债了，白衣女一家人喜笑颜开，对李黄茶饭伺候，好生款待。

李黄在人家里一待就是三天，这三天“欢乐无所不至”。三天后，李黄返回家中，和家人简单寒暄后，便觉头重脚轻，站不稳。家人以为是旅途劳顿，就赶紧给他准备被褥，卧床休息。这期间，家人就闻到他身上有股怪味儿。病榻上的李黄慢慢就神情恍惚、词不达意，家人这才知道李黄在长安与白衣女子相遇的事儿。等仆人掀开被褥时，李黄的全身已化为水，只剩下头还在。家人连忙寻到白衣女的住处，结果看到的只是一座残破的空园。园中有棵皂荚树，上面挂着十五贯钱，树下还有十五贯钱。总共加起来有三十贯钱，正是李黄赠予白衣女的。

这篇唐传奇名叫《白蛇记》。

斗转星移，到了明代，有个大文学家叫冯梦龙，他写了一本书叫《警世通言》，又将这个故事重新改编了一下。这故事变成了宋高宗南渡后绍兴年间，在杭州临安府，有一个在草药铺做主管的人，名叫许宣。跟我们熟悉的许仙就是一个人。许宣与一条名为白素贞的千年蛇妖在西湖同舟避雨，一见钟情，还喜结了连理。可偏偏这个时候，来了一位叫法海的和尚，他告诫许宣要小心这个女人，并用钵盂让白素贞现了原形，收在雷寺峰前。这还不算完，又命人在上面建造了七级宝塔，发誓要永镇白素贞于塔中。许宣就在雷峰塔下被剃度为僧，修行数年，一夕坐化去了。故事到这儿就结束了，这篇明代小说叫《白娘子永镇雷峰塔》，我们要讲的文物就跟这传说中的雷峰塔有关。

《白娘子永镇雷峰塔》这篇明代小说诞生以后，后世在此基础上不断地添加新的后续情节。晚清民国以来，故事更名为《白蛇传》，相关的评书、戏曲、电影、漫画等表现形式层出不穷。1992 年有一部电视连续剧叫《新白娘子传奇》，更是风靡一时，影响了一代人。以至于今天我们去杭州西湖边，抬头看见南岸的雷峰塔，最先想到的就是这个爱情故事。

雷峰塔，原是矗立在西湖边的一座砖塔（图 1）。原塔早在 1924 年就塌了，鲁迅先生当年写了篇非常著名的杂文，名字叫“论雷峰塔的倒掉”。所以我们今天已看不到它的原貌，看到的是在遗址上新建的塔。

雷峰塔倒掉之后，废墟堆在那儿，也没人清理，附近的老百姓觉得这古塔的砖还不错，能庇护平安，所以就跑去捡了砖回家镇宅辟邪。塔砖有一部分是刻有经文的，一目了然。其余的就是块砖，灰不溜秋，也没啥特别。但有的砖仔细看，发现砖的一头有被封堵的痕迹，把这堵头

图 1 雷峰塔倒塌前的旧照

抠掉，发现砖里居然有孔。孔不大，大约手指头粗细，深也就十来厘米，但从这小洞里居然掏出了被丝绸包卷着的宋代雕版印刷的经卷（图 2）！

如果雷峰塔不倒塌，后世肯定不会知道这塔砖里还藏有秘密。当时大部分的藏经砖被洗劫一空，拿去贩卖，很多人因此发了笔横财。

历史上，雷峰塔一共遭受了两次大的损毁。第一次毁于宋徽宗宣和年间的方腊起义。后来南宋定都杭州，用了二十多年的时间对雷峰塔进行了全面修缮，毁坏的建筑得以恢复。第二次劫难是明代末期抗倭的战火，此后就再也没机会重修了，直到 1924 年的 9 月，轰然倒塌！进入 21 世纪，在各地的复古风潮中，雷峰塔重建了。新建的雷峰塔采用钢混结构，塔身有大量的铜饰，里头还安了电梯。消失了七十八年的西湖十景之一的“雷峰夕照”再次出现在人们的视野之中，但此雷峰塔非彼雷峰塔了。

这塔最初的兴建，要追溯到五代十国时期的吴越国。五代十国末期，吴越国境内佛教大盛。吴越国开国君主钱镠早年落魄时，受到浙江临安天目山禅师的帮助，所以他对佛教始终怀有感恩之心。自公元 907 年吴越国

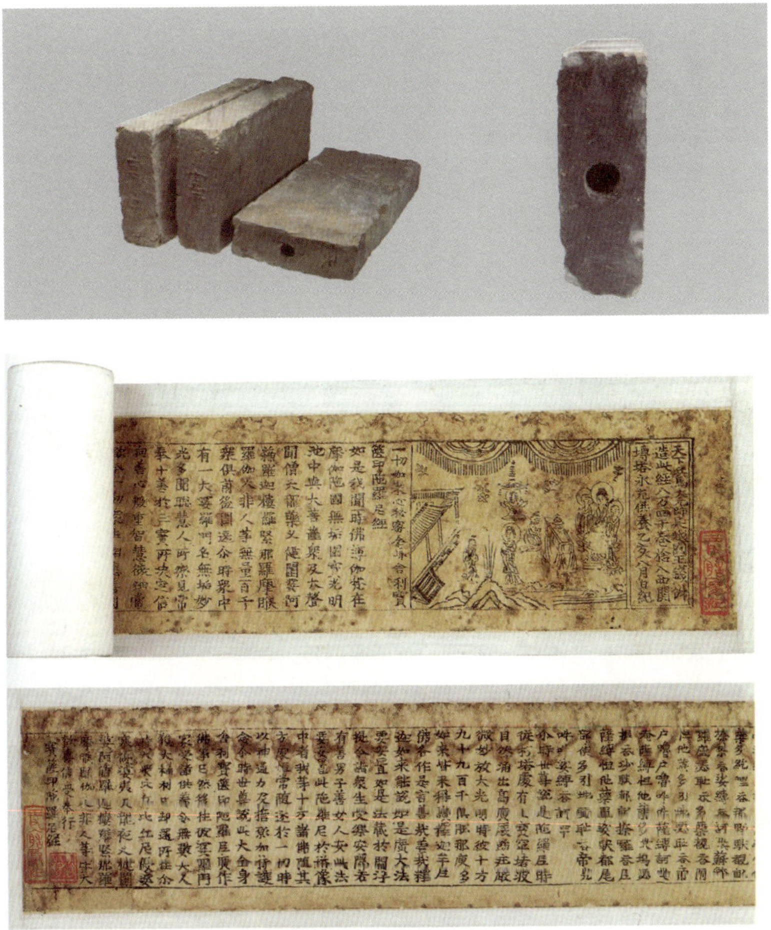

图 2 放置经卷的塔砖与里面的经卷

建立，他在国内大兴佛教，这种崇佛的风俗先后历经四任国王，一直传到第五任，也就是最后一任钱俶这里（图 3）。

吴越国王钱俶毕生崇佛，在统治两浙的三十一年中，他在吴越国境内造经幢、刻佛经，铸造了“八万四千”座金涂塔（图 4），兴建的寺院宝塔更是不计其数。比如，他重修了灵隐寺，到今天香火还很旺盛；创建了慧日永明院，就是今天杭州的净慈寺；修建了天龙寺、飞来峰等几处石窟造像，使杭州成了名副其实的佛国。

图 3 《钱氏家乘》中的钱俶肖像

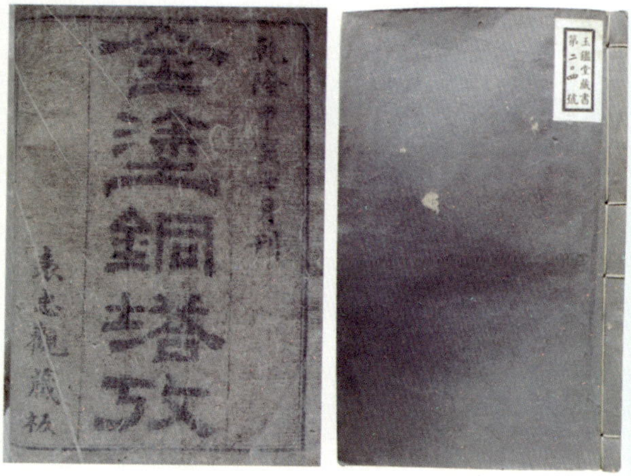

图 4 钱泳 《金涂铜塔考》 上海图书馆藏

当初钱俶建塔的理由，历史上众说纷纭。有说他是为他的妃子而建，有说钱俶是为庆贺妃子黄氏所生的儿子而建，但均无史料可考。要想解开这个历史谜团，必须从塔中找答案。

2000 年 2 月至 2001 年 7 月，为配合雷峰塔重建工程，经国家文物局批准，浙江省文物考古所分两个阶段对雷峰塔遗址进行了考古发掘，发掘面积将近 4000 平方米，规模不算很小（图 5）。

对于这座千年前的遗址，考古界充满了期待。可住在附近的老百姓不这么看，百姓说这塔都塌了这么久，值钱的东西早被人给弄走了。这塔在民国倒塌的时候发现大量宋代经卷，一幅手指头那么粗的经卷，历史上最高的拍卖纪录有 600 多万！弄出一卷就不得了，你再弄出个十卷八卷来，那就更不得了。

当然，普通老百姓对于文物的辨别能力和认知水平是非常有限的，对专业考古工作者来说，像这样的塔中藏有重要的文物是非常可能的。塔里经常藏东西，因为很多塔在修盖的时候，就有人把自己的细软放进去，捐给佛国了。

图 5 雷峰塔考古现场

经过两个阶段的发掘，确定雷峰塔的塔基保存基本完整，地宫也保存完好，保持了五代初建时的原貌。重修于南宋的道路、踏步（台阶）、散水（用来排水的斜坡）、僧堂等外围遗迹亦有所发现（图 6）。

在挖地宫的时候，有人就有感觉，说这地宫肯定会出东西。因为很多人是有经验的，别小瞧这经验，有人一看塔基的状态就能判断出里头文物的状态。过去在没有科学考古之前，盗墓者对判断出土文物最有经验，他在盗墓的过程中，积累了很多经验，如果发现这个地方被搅动过，他就知道不可能再出东西，也就没必要再挖了。

盗墓者一般对塔基的兴趣都不大。因为如果塔没有塌，就没法挖；如果这塔塌了，仅清理就工作量巨大，不值当干。等塌了多年以后，大家就会顺势认为这里没东西了。

这次光是清理雷峰塔的残余废墟，就花了半年多时间，这个工程量巨大，一般个人是完不成的（图 7）。

雷峰塔的地宫终于被打开！专家们发现舍利铁函置于地宫正中（图 8），铁函下压有大量铜钱，并夹杂着玉钱、玉龟、料珠、玛瑙饰件、铜镜、银臂钏等等。地宫的空隙处，堆满了铜造像、铜镜、丝织物、经卷等文物。地宫的内壁还贴有小佛像。

图 6 雷峰塔位于南门的砖砌台阶遗迹

图 7 雷峰塔地宫发掘后的情形

图 8 地宫开启后正中的舍利铁函

地宫中最重要的文物无疑是舍利铁函。舍利，是个音译的词，自梵文而来，指的是火葬以后的遗骨。通俗来说，凡是佛的牙齿发爪、顶盖目睛、衣钵瓶杖等圣物以及留下的圣迹，都可以视为舍利。古人认为烧不化的舍利子代表一个人的修行。

铁函被打开之后，发现了金、银、琉璃、玛瑙、水晶、珍珠、珊瑚、红宝石、砗磲等不同质地的“七宝”供养品。此外，还有一座金涂塔夺目而出。因为早年铁函曾经进水，舍利塔底部水锈斑斑，而上半身光彩熠熠，完好如新。至此，铁函置放的内藏金棺供养佛螺髻发的纯银阿育王塔经历千年，终于重现人间（图 9）！

图 9 五代 吴越国银鎏金阿育王塔 浙江省博物馆藏

图10 五代 吴越国银鎏金阿育王塔塔身四面的本生故事（局部）

阿育王是公元前271年即位的古印度孔雀王朝的第三代国王，为夺取政权曾发动战争无数，后看到战争的残酷，幡然悔悟，皈依佛门。在佛教史上，他被推崇为“转轮圣王”和“法王”。他在世时，制定了佛舍利塔的形制，称为“阿育王塔”。

这座高35.6厘米的纯银阿育王塔，塔身内藏有奉安“佛螺髻发”的金棺。“佛螺髻发”是指佛顶的顺时针打旋、形状如螺壳一样的毛发，是舍利的一种。

整座银塔由基座、塔身、四角的山花蕉叶和塔刹等组成。基座方形，每面开龛，设有四尊禅定佛。塔身四面镂刻佛本生故事，有舍身饲虎、割肉贸鸽、月光王施首、快目王舍眼等内容（图10）。四角有金翅鸟，塔身最上层为忍冬及兽面纹。四角的山花蕉叶上镂刻佛祖出生、生活、出家等内容的佛传故事画面。早年出土的阿育王塔，多为铜、铁等普通金属铸造，而地宫所出的这个则为纯银质地，完整无缺，实属罕见！

出于保护文物和尊重佛祖舍利的考虑，这座鎏金银阿育王塔至今没有

图 11 《华严经跋》残碑（拓片）

打开。没打开，怎么知道金塔内藏有的就是佛祖舍利呢？雷峰塔地宫出土的诸多文物中有一份《华严经跋》的碑刻，碑文是钱俶的手迹，上面就清晰地记载了金棺里藏有佛发舍利的事情（图 11）。用金棺银塔瘞埋舍利，是唐宋时期舍利埋葬制度的一个显著特点，雷峰塔地宫出土了钱俶奉安“佛螺髻发”的金棺银塔也得以再次证明。

这份《华严经跋》碑文中不仅记载了藏有供奉佛发舍利一事，还明确记载了“塔因名之曰皇妃云”。“皇妃”的称谓，是钱俶的爱妃孙太真死后，宋太祖所赐的谥号。钱俶是个长情的人，将塔命名为“皇妃塔”，也是为了纪念刚刚去世不久的爱妃孙太真。所以雷峰塔最初的官方定名应为“皇妃塔”而非“雷峰塔”，只不过因塔建于雷寺山上，一说雷峰上，周围的百姓慢慢就把这塔叫成“雷峰塔”了。历史上关于这座塔建造初衷的争论，也伴随着《华严经跋》碑刻的出土而尘埃落定。

自开宝五年（972 年）雷峰塔地宫始建，到公元 977 年雷峰塔竣工，在四年的时间里，孙太真作为吴越王妃，亲自参与了雷峰塔的营造设计，认真挑选了雷峰塔地宫所有的佛家圣物，还亲手将阿育王塔埋入地宫。可恰恰就在雷峰塔竣工的前夕，她骤然辞世，只留下后世无尽的唏嘘。

但孙太真没有想到的是，这座以她之名而建的塔，在她身后有三次大劫难；她更没有想到的是，其中的阿育王银塔躲过了这三次劫难，今天静静地陈放在浙江省博物馆，为过往的游人讲述着它历经千年的传奇。

051

清康熙·紫红地珐琅彩缠枝莲纹瓶

故宫博物院藏

故事要从康熙皇帝说起。康熙皇帝的全名，叫爱新觉罗 · 玄烨。1661 年开始执政，1722 年去世，长达 61 年的统治生涯，使他成为中国历史上执政最久的皇帝，他也是世界上政治寿命最长的君主之一（图 1）。

目前世界君主的政治寿命排名中，康熙皇帝排第十三名，当了 61 年 113 天的皇帝。他的孙子乾隆紧跟其后，排第十四名，执政 60 年 113 天。虽然乾隆活得长，但他只当了 60 年的皇帝，余下的年月都是太上皇。

排名第一位的，是法国的太阳王——路易十四，执政 72 年 110 天（图

图 1 清圣祖坐像 故宫博物院藏

图 2 1701 年 路易十四人像画
法国卢浮宫博物馆藏

2）。另外一位我们熟知的长寿君主，就是英国女王伊丽莎白二世，目前排名第六位，政治生涯 68 年了，再活几年兴许就能超过前面的。

康熙皇帝这一生很注重养生，所以长寿。活得长久，就能有足够的时间去实现各方面的目标。他推崇汉文化，下令编纂《全唐诗》《康熙字典》；平定三藩，收复台湾，阻止沙俄入侵，三次御驾亲征，平内乱、治外患；整顿吏治，取消人头税；亲自出巡，体察民情；推广种痘，防治天花；允许基督教传教，积极聘用欧洲传教士。

如果说“勤政宽仁”是优秀君王的必备品质，那么接下来这些，更多是出于康熙皇帝好学的本性。他请欧洲的传教士给自己当老师，学习医疗、宗教、天文、地理、外语等方面的知识。康熙皇帝的母亲是汉族人，祖母是蒙古族人，他身为满族的君主，满、蒙、汉语是最基本的。满族的所有公文行文都是满蒙汉藏四种文字，所以他还要懂藏语。

在语言方面，康熙皇帝非常有天赋。史籍记载，他还掌握了英语和拉丁语等欧洲语言。这听上去跟皇帝会跳拉丁舞一样不可思议，但法国传教士白晋在《康熙帝传》中提到一件事，能够证明康熙皇帝的语言水平。

有一天，比利时神父南怀仁陪康熙打猎。康熙就问他：“这种鸟用你的母语怎样称呼呢？”南怀仁几年前就曾对皇帝讲过。但这鸟非常罕见，再加上他多年在中国生活，竟一时想不起对应的词。皇帝就说出了这鸟的名字，问他：“不是如此称呼吗？”神父觉得很惊奇，因为皇帝竟还记得自己都忘记的母语。这件事足见康熙皇帝富有语言天赋，且记性很好。

著名的传教士还有德国的汤若望，从顺治朝就在宫廷里了，深得顺治皇帝的信任。据说，当年顺治犹豫皇太子人选的时候，汤若望就进言说，皇三子患过天花，有免疫力，所以是健康合适的继承人选。清朝初期，天花还是不治之症，顺治就是因为患上天花，熬不过去驾崩了。皇帝早逝不利于国家长治久安，所以一国之君有健康的体魄是极为重要的。

另外还有大家比较熟悉的传教士——意大利的郎世宁。他侍奉了康熙、雍正、乾隆三位皇帝，参与设计了圆明园，还绘制了很多重要的绘画，如《十骏犬图》《百骏图》等等（图3）。

法国传教士张诚，教康熙解剖学、几何学。他作为翻译官，前往边境签订《尼布楚条约》，为大清外交做出了很大贡献。传教士白晋，跟张诚一同教授康熙帝几何和算术。

白晋在向路易十四汇报的信中，这么评价康熙，他说："他具备天下所有人的优点，在全世界的君主中，康熙皇帝应列为第一等英主……康熙皇帝的孝顺和感恩是如此罕见，他因此获得了举国百姓的尊敬和拥戴。"

康熙皇帝不仅对科学技术特别感兴趣，对艺术也感兴趣。他不囿于中国传统艺术，对西方的艺术同样感兴趣。所以当西方画珐琅器进入中国的时候，他就想这东西能不能画到瓷器上？能不能把它从铜器上移植过来呢？这就是这回要说的珐琅彩。

今天一说珐琅彩，第一反应就是珐琅彩瓷器，专业术语叫"瓷胎画珐

图3 清代 郎世宁《百骏图》（局部） 台北故宫博物院藏

图 4 清康熙 铜胎画珐琅缠枝牡丹纹碗
故宫博物院藏

琅”。如果说其他的珐琅彩，就必须解释，比如叫“玻璃胎画珐琅”“铜胎画珐琅”（图 4）。一般瓷器就不需要解释了，说“这有一个珐琅彩”，那指的就是瓷器。但珐琅彩最初并不是画在瓷器上的，它是画在铜器上的，是欧洲人传给我们的。

虽然康熙皇帝在国内外评价很高，但不是每个传教士都乐意给他干活的。有位来自那不勒斯的传教士，中文名字叫马国贤，擅长绘画、雕刻，在畅春园当差。他写信给教皇汇报说：“皇帝非常喜欢我们欧洲的珐琅画，尽各种可能把这个工艺导入宫中。我们从欧洲带来的颜料和大件珐琅器，让皇帝觉得可以做出些东西来。”

康熙皇帝任命马国贤、郎世宁与宫廷工匠们一起，试着在瓷器上画珐琅。但马国贤就不想干这活儿，于是找借口，说自个儿不会这工艺，也没法儿学。他故意画得很烂，康熙看了就说，算了算了，你以后甭画了。这事儿就告一段落。

其实马国贤是个非常有本事的人，他只是嫌宫里的工匠们懒散，不愿与他们为伍。为什么懒散呢？因为宫里的工匠不是计件工资，是领年俸的。马国贤的信中虽然充满抱怨，却从侧面证实了康熙对画珐琅工艺的喜爱和关注。这些珐琅彩的画样，必须由皇帝亲自过目。

由于珐琅彩是由铜器移植到瓷器上的，它没那么容易，所以很长一段时间并没有烧成。一直到康熙晚期，珐琅作从武英殿移到了养心殿。康熙的养心殿，一面是皇帝的书房，另一面就是各类小作坊。康熙在学习之余，经常跟作坊的工匠们交流谈心。

在雍正编撰的《圣祖仁皇帝庭训格言》里，记录了康熙生前教育皇子们的语录。康熙告诫他们，为人为君一定要诚信。康熙说，朕绝不欺骗他人。比如说现在工匠们，各自都有保密的技艺，是绝对不肯告诉外人的。如果我问到这些工匠，他们要是能坦诚相告，我一定会为之保密，绝不告诉任何人。

咱将心比心地说，皇帝为什么爱看工人干活儿呢？不仅仅因为他感兴趣，更重要的是可以减压。康熙皇帝减压是看工匠们干活，雍正皇帝减压是给工匠们制定画样，乾隆皇帝减压就喜欢在三希堂欣赏其他艺术品。皇帝平时生活中看不到这些，来找他的每个人都是为了各种事情，他对每一件事做出判断是很累很烦的。当皇帝并不愉快，所以康熙就把这些工匠拉到身边，喜欢跟他们聊天。

首先，皇帝跟工匠之间，虽然是上下级，但政治上不是君臣关系。工匠有求于他，和他有求于工匠，根本不在一个层面上，所以康熙帝就非常宽松。

其次，工匠保密的手艺，对皇帝可以说。因为皇帝不会偷去啊，皇帝学这个干吗？皇帝就想知道而已。如果是另外一个工匠来问，那打死我也不会说，说完了，这技术就会被人家偷了去。

再有，通过观察这些工匠干活儿，皇帝可以体会到民间疾苦。尽管他们进入了宫廷，通过一技之长能获得很高的报酬，生活要比原来好很多，但工匠毕竟是工匠。

所以康熙朝，皇帝跟工匠们之间的关系非常融洽。如果皇帝不喜欢这事儿，他就不爱跟工匠们交流，也许就没有珐琅彩这事儿了。他要是没见过工匠，对艺术不上心，自然也想不起来把珐琅彩从铜器移植到瓷器上。

由于经常看工匠做事儿，他就在这个基础上不断提出新的要求。像马国贤这样的传教士，烦了就走了，外国人爱听不听，但中国的工匠会尽量配合。尤其康熙晚年，康熙五十几年的时候，皇帝的心态非常好。人到岁数大了，心态都好，他不着急了。

有一天，皇帝就问工匠："你看外国人烧那珐琅彩，我们有没有可能把它烧到瓷器上呢？"这些工匠想了想，就说："这有可能。"为什么有可能呢？工匠会讲道理。他说把烧珐琅彩的温度，控制在铜的熔点以下，它就在铜器中能烧成。瓷器素胎的烧造温度比铜还高，所以控制好了温度，珐琅彩是可以在素胎上呈色的。康熙皇帝就说："那你们就试着烧烧看吧。"

果然，经过反复试验，最后终于烧造成功了！康熙五十九年（1720年），在接待罗马教皇使者时，康熙皇帝展示了几件御制珐琅彩瓷器（图5、图6）。康熙说："你看，这是你们的珐琅彩，原本烧在铜器上的。我呢，把它烧在了瓷器上，你看看怎么样？"这些使者说："哎哟，真好，好上加好！"他就没词儿了。

图5 清康熙 蓝地珐琅彩缠枝牡丹纹碗
故宫博物院藏

图6 清康熙 黄地珐琅彩缠枝牡丹纹碗
故宫博物院藏

图 7 清康熙 五彩花蝶纹盘 故宫博物院藏

我们国人熟悉的五彩瓷器，是以红绿色为主，都是平涂，表现力有限（图7）。而珐琅彩引入西方的颜料，色彩丰富，表现出浓淡深浅，层次感强。画法上也导入西方的透视法，有了阴阳向背和远近感，画面就显得栩栩如生。

收藏在北京故宫博物院的清康熙珐琅彩紫地莲花纹瓶，撇口，长颈，扁圆腹，平底，腹部绘有缠枝莲花（图 8）。瓶的造型在康熙珐琅彩中非常罕见，这也是康熙珐琅彩中唯一一件刻款的器物，底部方栏内刻有“康熙御制”四字楷书款。“御制”二字准确地表明了珐琅彩瓷器的地位，即在康熙帝授意下烧造成功。

故宫还有一组“康熙御制”珐琅彩碗，有紫地的、蓝地的和黄地的，绘有各类花卉。明显是仿制铜胎画珐琅，用的是大片的彩色地。康熙朝传世的珐琅彩，都是色地的。雍正、乾隆时，白地增多，色地渐渐减少（图 9）。一开始是模仿铜胎珐琅器，但越往后画就越生动。

在《庭训格言》中，还有这么一则。康熙说：自喀尔喀七旗归顺后，在达里岗爱等地设立了牧场。一开始从牧场进贡来的羊，因想到先帝在世时没能享用，我都不敢先吃。特意派遣祭典膳食官员，到祖先的陵寝虔诚

图 8 清康熙 紫红地珐琅彩缠枝莲纹瓶 故宫博物院藏

图 9 清雍正 珐琅彩山茶梅花纹碗 台北故宫博物院藏

图 10 清康熙 粉红地珐琅彩开光花卉纹碗 2018 年 香港苏富比 成交价 1.93 亿人民币

供奉之后，我才开始食用。这就像我现在新制作的珐琅彩瓷碗，也选择质量上乘的珐琅彩去供奉陵寝，给先人供奉茶水时使用。我尊敬先人，从不忽略这些小事，你们这些皇子也要记着。

再好的东西，康熙也不敢独享。因为顺治朝还没有珐琅彩瓷器，孝顺的康熙在烧制成功后，马上就想到了供奉祖先。

在康熙晚期烧造成功的珐琅彩，数量极少，传世品十分罕见，弥足珍贵。拍卖会上，动辄是过亿的天价（图 10）。我们在惊讶于这些数字的同时，更应该了解珐琅彩背后的故事。正是有了康熙皇帝本人的重视，国内外工匠们的共同努力，才有了华美的珐琅彩瓷器。

052

五代·顾闳中（传）《韩熙载夜宴图》

故宫博物院藏

历史上有一位留过名的人物，他叫韩熙载。这名儿今天听着有点像韩国人，其实他是青州人，青州在今天的山东潍坊。

五代十国时期，也就是唐以后、宋之前，他是南唐的一个官吏，最初为秘书郎，最后官至兵部尚书，一路升迁，一直升到正部级。历史上这类人多了去了，为什么单单他有名呢？因为他被画进了一幅画里，这画就是大名鼎鼎的《韩熙载夜宴图》（图1）。

《韩熙载夜宴图》是根据真人真事画的。中国画大部分都是画山水，文人心目中的山水注重写意，不注重写实。但韩熙载这件事是写实的，简单地说，它和另一件国宝《清明上河图》有所不同。

《清明上河图》算是无中生有，或是有中生无，它并非描绘清明节那天大家聚在一起做什么。再形象一点来说，《清明上河图》好比一部电视剧，它是基于事实改编的；而《韩熙载夜宴图》，则类似一部新闻纪录片。

纪实在古代是比较难的。现在的手机随时一拍就可以记录，古代没有记录图像的科技，画家要靠脑子去记，回去后凭记忆来画，因此只能截取一个个片段。过去都是这样，直到电影出现以后，我们才能看到连贯的影像。

这种片段式的中国画，以一种独特的形式表达，也就是手卷。《清明上河图》《韩熙载夜宴图》都是采用手卷这种形式，是逐渐推进的，没有突然翻篇的感觉。

这幅《韩熙载夜宴图》中，共有五个段落。画家用高超的绘画技巧把它们切开，不是像翻书那样一页一页的，而是靠反复出现的屏风将每段情节巧妙地隔开。

这五段分别是听乐、观舞、暂歇、清吹和散宴。这跟现在连吃带玩的聚会基本上一样。大家先听听音乐暖暖场，然后再欣赏一支舞蹈，中间歇息一阵子，吃饭、中场休息，给大家留出上洗手间的时间，然后再接着看演出，最后送客、散会。

这幅画从右往左一点点打开，首先映入眼帘的，是半张架子床，床上的红被中貌似还蜷缩着一个人，从露出一头的琵琶来看，这位的身份估计是歌伎。至于她为什么窝在这儿，那就不得而知了。但画师有意透露这一细节，无非是想告诉观者，他将展示一个完全真实的故事。

架子床边，是一张黑漆的罗汉床。上面穿红袍的帅哥是状元郎粲，看他那坐姿，标准的东北炕头坐。在他身边盘腿坐着的美髯公，就是这幅画表现的主人公——韩熙载。

注意看他的手，修长白皙，自然垂落于膝上。这说明他的状态极为放松，正准备享受这场音乐盛宴。此二人坐姿很有意思，以前我多次在《都嘟》里提到，汉民族是唯一改变过起居方式的民族。在唐宋以前，中国人都习惯席地而坐，从唐代开始逐步高坐起来，宋代以后，完成了从席地坐到垂足坐的转变。因此，他俩虽然坐在罗汉床上，但依然保留着席地坐的坐姿。

罗汉床上还配有小炕桌，上头摆满了精致的点心。那会儿还是分餐制，每张桌上各有一人份的食物。我这人的兴趣点在装食物的器物上。我可以很负责任地说，图上画的这些碗盘、温酒的注壶（也叫注子、注碗）等等，都是五代标准的造型。那它们究竟是什么材质的呢？有可能是金属的，也有可能是陶瓷的，我们从书画中没办法准确判断。

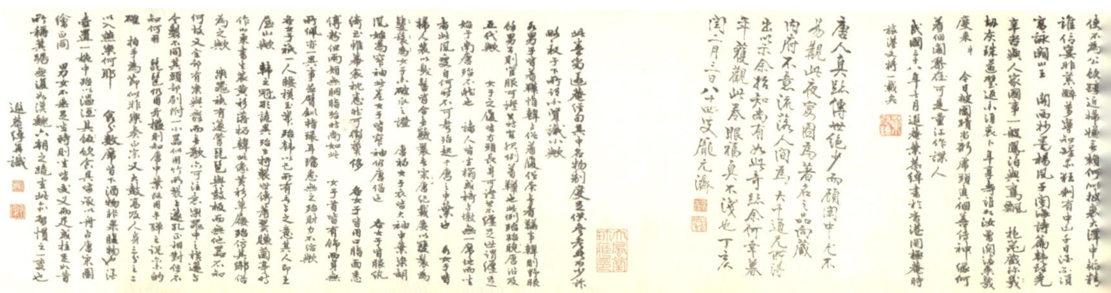

图 1 五代 顾闳中《韩熙载夜宴图》（宋摹本） 故宫博物院藏

这画原作是五代画家顾闳中画的，可惜原作早已不知所踪，而此画的确出于南宋的一位无名氏画家之手，他是根据顾闳中的原本临摹的，还更改了一些细节，从衣冠服饰、家具器物上，都能看出些端倪。

比如韩熙载的帽子，是北宋末年的东坡帽，准确地说叫“东坡巾”。这种帽子比较高，是苏东坡为了彰显自己孤高的个性而创造的，一直被文人推崇，这一时尚延续至南宋。此外，图中的美女们，梳的是宋代最流行的方额式发髻。这一切都说明，这幅画是后世临摹的。

状元郎粲的一旁，坐在靠背椅上的是紫薇郎朱铣，这个官职相当于现在的秘书官。与他对坐的，是太常博士陈致庸，此人跟韩熙载一样，家里也养了十几个歌舞伎。据说韩公家的歌舞伎，最多时养了四五十个。养这些歌伎是很费钱的，再有钱也经不起这么造啊！

传言韩熙载后来衣衫褴褛，弹着单弦唱着歌，挨家挨户，找之前的歌伎讨食吃，靠她们的救济过活。当然，这些都是传说，或者戏说，或者瞎说，可见古人也仇富。此时的韩熙载，实际上风光无限。

画面中，宾主皆望向一位将要弹琵琶的女子，她是管宫廷乐队的教坊副使李嘉明的妹妹，哥哥就坐在一旁。李嘉明平时调教的人，都是给南唐后主李煜演奏的，你想他妹妹的技艺能差得了么？李嘉明身边穿蓝衣的女子，正是当时著名的舞蹈家王屋山。没错，就是和著名的愚公想移的那座“王屋山”同名。这可能是她的艺名，那时候，当红的几位兴许都是山字辈儿的。

另外还有个细节，就是画卷中的好几个人似乎在拍手，其实不然，这是当时的一种礼节，双手对插，以表敬意，意思是说：“请开始你的表演。”

这段暖场音乐想必很成功，趁着这热乎劲儿，进入画卷的第二个场景“观舞”，就是由著名舞蹈家王屋山，给大家带来一段“六幺”（图2）。六幺舞盛行于唐宋，白居易《琵琶行》里就有一句“初为霓裳后六幺”。

图 2 《韩熙载夜宴图》之“观舞”

王屋山身着长舞衣，背对着观众，侧露半个脸庞。微微抬起的右脚，正要踏下去；背后的双手，从下往两边分开，长袖飘起。真可谓“含苞待放”之时，让人遐想。假若画家把舞者完全舞开了的样子画下来，反而没了含蓄之美，画师技艺的高超莫过于此。正是这种美感，惹得韩公亲自伴奏，打起鼓来；一旁打板的是他的门生舒雅；其他人跟着，也拍起手来。仅仅这一瞬间的描绘，就给了观者亲临其境之感。

最可乐的，是躲在打板人身后的和尚，他是韩熙载的好友德明和尚。他这个僧人的身份与场景极为不搭，如此声色之场景，为何有他呢？而他本人，也礼貌地行着插手礼，眼睛却转向一旁，想看又不能看，估计这会儿在默念《心经》了：“色不异空，空不异色，色即是空，空即是色，受想行识，亦复如是。”这份尴尬现在看着都能感受到。他来的目的，可能是听说韩公夜夜笙歌，有失斯文，特意前来劝诫，谁知不小心也卷入了这场风花雪月。

这场子算是彻底热起来了，是时候“暂歇”了，这是第三个场景（图3）。韩熙载由几位佳人陪着，坐到罗汉床上，正在洗手。一旁还有位艺伎，一手反抱着琵琶，一手拿着几支箫、笛，看来一会儿还有好戏上演。

接着，第四段“清吹”开演了，五位歌女吹箫合奏（图4）。韩熙载也彻底放飞自我，衣襟大敞，鞋也脱了，盘坐于靠背椅上，手上拿着一把大蒲扇，边上伺候的侍女也摇着扇子，可见他确实玩尽兴了，热啊，按现在的话说，就叫“玩嗨了”！不光主人玩嗨了，到了这一段，宾客也无所顾忌了，这不，还有隔着屏风调情的。

如此高超的镜头语言，把每个场景很自然地衔接起来，最后引出了终场——“散宴”（图5）。只见韩熙载又整理好衣装，一手拿着先前打鼓用的鼓棒，一手做挥别状，那意思还挺不舍，仿佛在说：“诸位，慢走啊，不送，明儿个还来，咱接着嗨！”

这宾客呢，也有屁股沉的，比如坐椅子上拉着美女小手的那位爷，也就是之前提到的陈致庸，估计在对美女说：“你真好啊，如此温柔，我也温柔。咱说好了，明儿我还来，别人不在，你也得在啊。”

故事说到这儿，这场夜宴也就完美收场了。

这幅画的创作缘由，目前有两种说法。《宣和画谱》记载，后主李煜欲重用韩熙载，但有人举报他生活不太检点，李煜很怀疑，就派画师去打探，回来把情况描绘出来。《五代史补》里却这么说：韩熙载晚年放纵，李煜想通过这幅画给他以警示，像一面镜子一样，希望他能自省，因此他派了两位画家，一个叫周文矩，一个就是顾闳中。元代时两者原本都在，如果今天谁能找着周文矩的那幅原画，摹本也成，那可真不得了。

我个人比较倾向于第二个说法，《宣和画谱》的说法不如《五代史补》的真实。如果李煜心生怀疑，大可不必费这么大劲请画师作画，派密探打探完后，如实禀告一声不就完了嘛。如果李煜派密探留下如此证物，十分不妥。再说画这样一幅画时间漫长，李煜等得了吗？

其实，到了南宋时期，理宗一朝的宰相史弥远，跟韩熙载有点像，

图 3 《韩熙载夜宴图》之“暂歇”

图 4 《韩熙载夜宴图》之“清吹”

图 5 《韩熙载夜宴图》之“散宴”

他家里也养了很多歌伎。不排除有人为了投其所好，临摹了顾闳中版的《夜宴图》送给他。而原作当时，我们猜测可能是在皇上手里。那么，史弥远就把这幅画收下了，至于他看了以后怎么想，我们已经无法考证。我们推测，史弥远可能有所醒悟，才在这幅画上郑重地盖上了自己的私印——“绍勋”葫芦印，证明他看过这幅画。

这画的后头，有元朝泰定三年（1326年）大书法家班惟志的题诗（图6），明末的王铎也留有题跋（图7）。

到了清朝，《韩熙载夜宴图》被年羹尧收藏（图8）。雍正三年（1725年）二月，他被抄家后，这画就入了清宫。

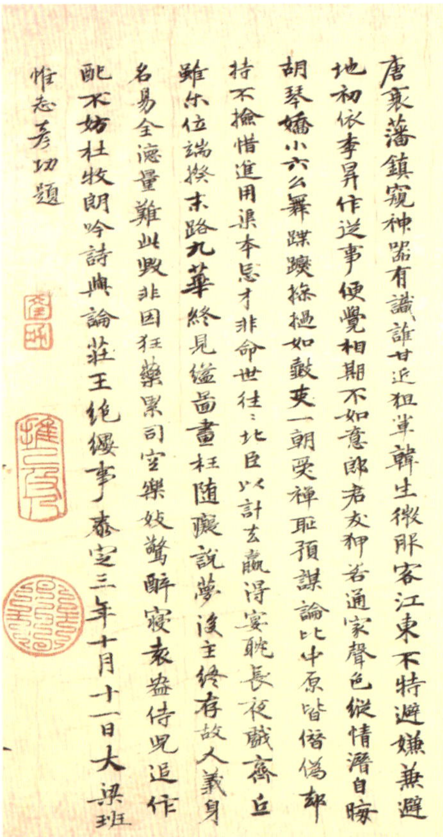

图6 班惟志的题诗

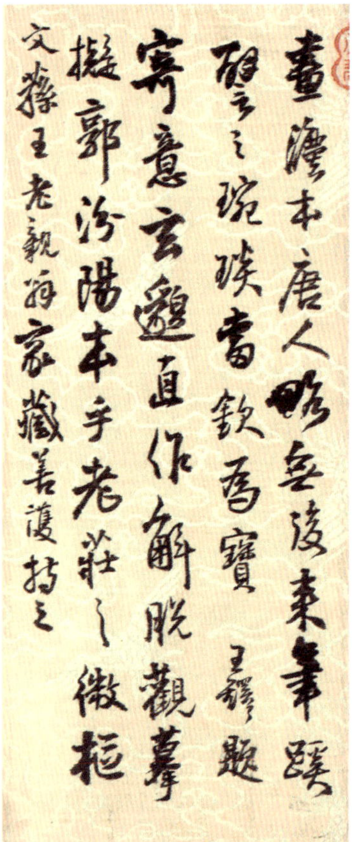

图7 王铎的题跋

图8 年羹尧的题跋

到了乾隆时期，这幅画被收录于《石渠宝笈初编》。乾隆也写了题跋："后主伺其家宴命闳中辈丹青以进，岂非叔季之君臣专事声色游戏，徒贻笑于后世乎？然闳中此卷绘事特精妙，故收之秘籍甲观中，以备鉴戒。"乾隆的意思是说，这就是个君臣之间的声色游戏，让后世人耻笑，但顾闳中这画画得太好了，所以还是收入秘籍，将来也可以引为教训、警戒后人（图 9）。

乾隆对这画的态度很好，还在画卷上留有多枚钤印。最好认的，有两枚，乾隆潇洒地将它们盖在了"暂歇"部分最后的屏风上，一枚是"古稀天子"，一枚是"太上皇帝"（图 10）。可见这是乾隆晚年的态度。

这画在清宫一搁就是二百多年。之后，大清完了，末代皇帝溥仪把很

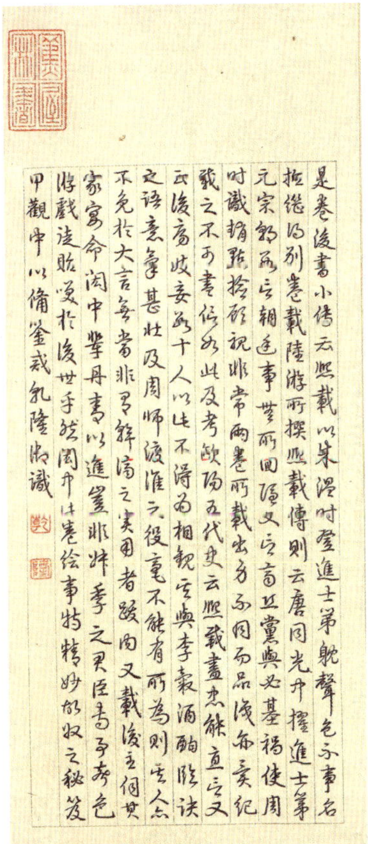

图 9　乾隆的题跋

图 10　乾隆的两枚钤印

多宝贝带去了东北。1945年，日本投降后，伪满政府倒台，溥仪再次出逃。“皇帝”跑了，留下了专藏宝贝的长春小白楼，原本看楼的那些警卫乘机哄抢，里头的字画珍玩一抢而空，其中就有这幅《夜宴图》。

这些宝贝甭管到谁手里，最终的流向一定是交易场所。因此东北的古玩市场一时间热闹起来，藏家之间说的“东北货”一词也由此而来。

“东北货”一时成了香饽饽，以至于民国一些北平的大藏家也慕名前往，比如当时琉璃厂“玉池山房”的大老板马霁川，就把这幅《夜宴图》纳入囊中。

这一年，也就是1945年的秋天，张大千在北平看中了一所前清王府，房价五百两黄金！黄金可不是白银，民国时期，有金条的人都是不得了的人。

当时张大千听说，马霁川有这幅《夜宴图》，过去一看，东西确真无疑。要价也是五百两黄金，少一文都不卖。张大千当机立断，决定弃宅买画！因为张大千的人物画也是浓墨重彩的，这画很符合他的审美。天价收得之后，他还专门为此画刻了一枚印章，文曰“南北东西，只有相随无别离”，钤盖在图卷上。

1952年，旅居香港的张大千决定移居阿根廷，他将包括此画在内的三幅古画，通过好友徐伯郊，易手给了当时国家文物局局长郑振铎先生。这座王府换来的《韩熙载夜宴图》和另外两幅名画——南唐董源的《潇湘图》和元代方从义的《武夷山放棹图》，半卖半送，只收了两万美元。

这件稀世国宝在1959年，由文化部文物局调拨故宫博物院收藏。两万美金的价钱，当时还是挺值钱的，大约折合五百七十两黄金，所以张大千基本算是平推了。“平推”是古玩界的一个术语，就是我多少钱买的，多少钱让了。由此可见决心与实际的差距。还记得张大千那方印上是怎么说的吗？叫“南北东西，只有相随无别离”，决心很大，“无别离”。但中

图 11 清初 《韩熙载夜宴图》 观复博物馆藏

国还有一句老话，叫“走南闯北，该出手时就出手”！

今天，《韩熙载夜宴图》即便是南宋摹本，也是国宝。这画太有名了，但这并不是唯一的摹本。观复博物馆里也有，是清初摹本，佚名，谁画的不知道，画的是个二合一的片段（图 11）。这是最早把“听乐”和“观舞”融为一块儿的版本。那这件算不算国宝呢？您可以有空来看看。

053

明崇祯·虎钮「永昌大元帅」金印

江口古战场遗址出水

江口镇是四川省眉山市彭山区的一个古镇，岷江从旁奔流而过。前些年，每到夜深人静时，就会有各种船从不同方向驶来，到了江心后就抛锚固定，有人身穿潜水服，背着氧气瓶，手持金属探测仪，趁着夜色，“扑通”一声潜入江中。天未亮时，船又神秘地消失了……

时间一长，就有人打电话报警，但警察赶到，对方早就逃之夭夭了。最猖獗的时候是冬春枯水季节。中国南方到春季就开始下雨，所以夏季是水量最大的时候，到冬春交界的时候水就比较浅，有很多河流这时候甚至可以涉水而过。有时，一个晚上这两公里江面上有十多艘船在这儿“寻宝”。前脚刚撵走，后脚又回来了。谁也不知道这都是些什么人。

这些人，实际上好多就是沿岸的村民。白天还扛着锄头下地干活，一到晚上，摇身一变，就成了捞宝人。起初，他们只是在岷江河滩上掏挖、捡拾些小金属件卖点废铜烂铁。时间长了以后，他们通过各种渠道学了一些打捞知识，开始投资了，买潜水服、氧气瓶、金属探测仪等一些专业的水下考古工具，有的人还到一些潜水基地学习潜水技术。为了增加潜水时间和深度，以便找到更多更好的东西，有些团伙还拉拢了职业潜水人员一起参与寻宝。

有个彭山人叫李寻宝，这是个化名。他从事过潜水职业，先后和几个团伙合作过，在众多的团伙中，他是有赫赫战功的。

2013 年清明节，下水之前，李寻宝和郑寻宝等几人特意在江边祭拜了大西军的张献忠，然后和往常一样，他们选择在夜色的掩护中下水挖宝。由于江水水流湍急，带起的泥沙浑浊无比，能见度非常差，到了江底后，这李寻宝就用手胡乱地摸。摸着摸着，突然在水下的淤泥里摸到了一个“金属坨坨”。船上的郑寻宝等人把他拉了起来，李寻宝将金属坨坨悄悄地塞给郑寻宝，郑寻宝直接放进了裤子口袋里。回家一看，这是一只金老虎，还是个雄性的。翻过来一看，老虎张着嘴，身体前倾，撅着屁股，尾巴向上卷，身上阴刻的线纹表现出鬃毛和斑纹。两人并未声张，而是在发现金老虎的地方做好了标记。要知道，在水中做标记非常难，“刻舟求剑”就是水中做标记吧？没用。现在先进的方法是直接用全球定位。他们这会儿来不及，就用石头和一个空的矿泉水瓶拴着，往下一扔，在水面上就能看到这个矿泉水瓶了，也就有个标记。

郑寻宝打算将金老虎高价卖出，但无人接手，人家不知道这是什么。老虎没卖出去，俩人就合计，说咱俩要不然到那个地方再去捞捞，看看有没有什么别的物件。还是这李寻宝下水，当晚11点左右，在江底的砂石下面，他又摸到一个正方形的东西，拿出来一看是个金印章。印章的边长10.3厘米，印台厚1.6厘米。怎么知道是金的？你拿你也知道，特压手，沉！

金印上面用九叠篆写着“永昌大元帅印”六个字。这九叠篆怎么认呢？我告诉你，根本不用去认。过去，明、清两代这种金属印，一般在两侧或背面都会用楷体重新刻一遍篆文的内容，生怕你不认识。这个印的背面果然写着“永昌大元帅印”和“癸未年仲冬吉日造”。这个癸未年是明朝的最后一年——1643年。奇怪的是，印章的背上还有四个坑，这四个坑就像是四个脚印。李寻宝一下子一股热血就从脚底板涌到天灵盖上了，他赶紧把金老虎找出来往印章上一放，这叫“姓何的嫁给姓郑的”——正合适！一个完整的虎钮金印赫然呈现在眼前（图1）。

两个人赶紧去找秤，找来一约，有多重呢？有3000多克。这郑寻宝和

图 1 明崇祯 “永昌大元帅”金印

李寻宝互相都有点不踏实，换句话说，都对对方不是百分之百地相信。本来这东西就一分为二，所以他俩达成一致，金老虎由郑寻宝保管，金印章由李寻宝保管，俩人不凑在一起是卖不出高价的。

一开始，郑寻宝将金老虎印章的心理价位定在了1000万元，古董贩子都给不上价，所以就没卖。因为要价太高，很长时间无人接手。到了2013年5月，以近800万元的价格卖给了彭山的一个古董商人，俩人二一添作五，各得一半。

岷江是长江上游的重要支流，干流全长711公里，为何偏偏只有彭山江口这段被寻宝人视为肥肉，令人分外眼红呢？因为这沿岸生活的村民祖祖辈辈都听说过一个故事，叫“张献忠江口沉银”。这故事流传了三百多年，十几代人。这故事为什么能一直流传呢？因为它被编成歌谣了，歌谣很容易流传。这歌谣说的是“石龙对石虎，金银萃山薮，中华宝藏兴，民族昭千古”。这首在彭山流传数百年的童谣，也成为无数人追寻张献忠财宝的“寻银诀”（图2）。

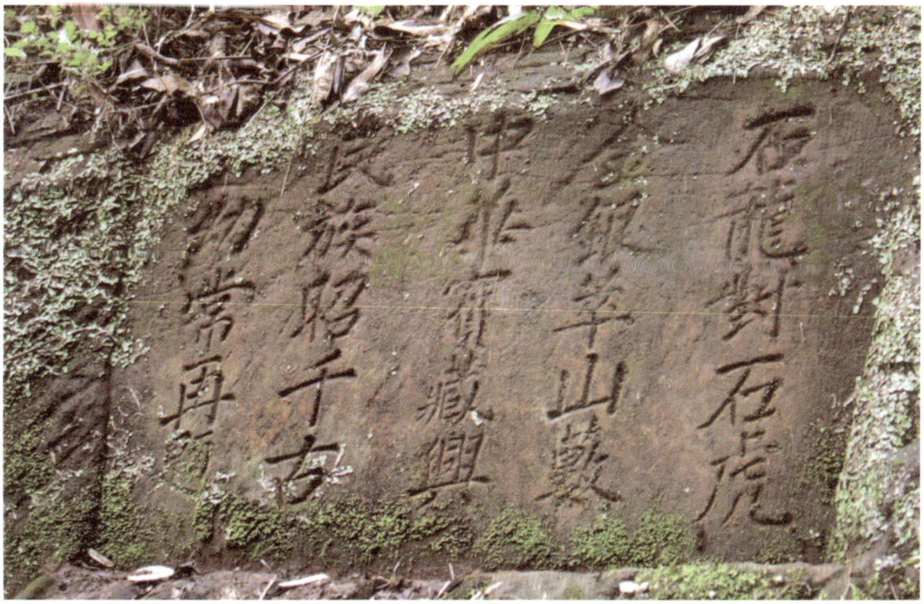

图2 彭山地区流传着与沉银有关的童谣

张献忠是陕西定边县人，他是明末农民起义军领袖，与李自成齐名。张献忠出身贫苦，早年跟着爹贩过红枣，当过捕快，后来又到延绥镇当了一名边兵。因犯法当斩，主将观其相貌奇异，为之求情，说重打一百军棍，除名算了，从此他就流落乡间。崇祯三年（1630年），张献忠在家乡聚集十八寨农民组织了一支队伍响应王嘉胤暴动，自号“八大王”。王嘉胤去世后，张献忠又归顺于老闯王高迎祥麾下。明崇祯九年（1636年）老闯王战死，他与李自成各自“单飞”。

虎钮“永昌大元帅”金印上所刻“癸未年仲冬吉日造”，说明这枚印铸造于崇祯十六年（1643年）。张献忠在这一年五月攻占武昌，建立了大西农民政权，自称“大西王”。此后又向南进军，陆续控制了湖南全部及湖北南部，广东、广西北部的大部分地区。次年正月，张献忠进军四川，并于崇祯十七年，也就是顺治元年（1644年），明清交替之时占领成都，在成都称帝，建国号“大西”，改元“大顺”。印章铸造的时间正是大西军向南征战，势力最盛之时，张献忠此时自封为“永昌大元帅”符合当时的形势，也表达了自己对政权“永昌”的期待。

大顺三年（1646年），大西政权内忧外患，除了受到南明和清的夹击，内部也叛乱重重。张献忠计划放弃成都，他率兵十万，“携历年所抢”的千船金银财宝向川西突围。由于银两太多，木船载不下，于是张献忠命令工匠做了许多木头的夹槽，把财宝放在里面，让其漂流而下，打算在江流狭窄的地段再把它们捞上来。而“永昌大元帅”金印也是本次转移财产的一部分。

不料，在彭山江口，张献忠的队伍遭到明将杨展伏击。杨展用火器攻击张献忠的船队，江道狭窄，数千艘船首尾相接，进退两难。又遇江上狂风大作，火势猛烈。杨展的部队从两岸用枪铳击打。如此一来，张献忠运宝的船队大败溃散，千船金银也尽数沉入江底。次年，张献忠在西充凤凰

图 3 江口古战场遗址

山被清军乱箭射死（图 3）。

江口大战杨展得胜后，他并没有意识到那些沉船里装的是金银财宝。后来从张献忠部下逃脱出来的船夫口中得知此事，就组织士兵在江口打捞。针对木鞘装银的特点，杨展采用长枪“钉而出之”，收获颇丰。

六十六年以后，到康熙年间了。四川巡抚也想打捞，但康熙皇帝没让捞。乾隆时期组织打捞过一回，捞到了一万多两银锭，还有大量珠宝。然后到了清朝末年，咸丰年间朝廷财政困难，正为银了而发愁的咸丰皇帝命人下水打捞，但最终一无所获。

三百多年来，张献忠“江口沉银”的故事就慢慢地成为传说，渐渐地笼罩上一层神秘的色彩。新中国成立以后，很多人都觉得这事儿捕风捉影，虽然在这里打鱼捞沙的人确实曾捞起过明代的银锭、金银器等等，但也没引起太大的注意。

2005 年，当地修建城市供水工程时，在岷江河道里挖出了七枚明代银锭。2010 年，这里被政府确立为“江口沉银遗址”，这一下子倒瞎了。政府一方面想保护它，一方面又无力保护它，这里从此就不平静了。从某种程度上讲，到了 2010 年，国家把这里设立为文物保护区以后，在这里寻宝就变成盗宝，性质完全变了。

2013 年，警方得到线索，有人夜间潜入遗址区域内，盗挖文物并高价倒卖。眉山警方迅速组建了“5.1”特大盗掘倒卖文物案专案组。专案组顺藤摸瓜，掌握了郑寻宝，当然，这会儿他该改名叫郑盗宝了。他们团伙曾在 2013 年清明节前后盗挖到一个“金老虎”印，金印转手后流向西北某省一个公司的董事长那儿去了。专案组先后“四进四出”西北某省，开展

图 4 大西政权 册封金册
江口古战场遗址出水

图 5 铭刻“大西”国号和年号的银锭 江口古战场遗址出水

图 6 大西政权 “西王赏功”金币 江口古战场遗址出水

图 7 大西政权 “大顺通宝”铜币 江口古战场遗址出水

了大量艰苦细致的工作。2016 年 4 月初，这董事长迫于压力主动与专案组联系，表示愿意将其购买的文物上交。

为了抢救性发掘保护文物，2017 年 1 月，彭山江口沉银水下考古发掘正式启动。目前，共出水珍贵文物四万两千余件，有张献忠大西政权的金册（图 4）、铭刻“大西”国号和年号的银锭（图 5）、“西王赏功”金币（图 6）“大顺通宝”铜币（图 7）等等。这一次是怎么考古的呢？同以前的考古完全不一样，这一次采用的技术叫断流，把河断了，水从别处走（图 8）。

张献忠这么多钱都是从哪儿来的？

在张献忠大西军的打击下，明朝分封在湖广和川渝等地的藩王全部覆灭，他们原来积聚的白银财富，大都为张献忠大西政权所有。例如，崇祯十六年（1643 年）五月，张献忠攻下武昌。武昌是楚王朱华奎的王府所在地，楚王在武昌累世搜刮，聚集了大量财富，每年庄田租银就多达 21300 两。大西军到来之前，省城的文武百官曾聚集楚王府，向他借银作为军饷来守城。楚王呢，是一个很抠门的人，他搬出一把洪武年间分封诸王时的裹金交椅，说：“此可佐军，他无有！”就是说这把椅子可以帮助你们打仗，其他的我什么都没有。你们看这楚王抠的！张献忠攻入武昌后，活捉了楚王，“尽取宫中金银各百万，辇载数百车不尽”，钱多得拉了几百车都装不完！张献忠看完了都叹息道：“有如此金钱不能设守，朱胡子真庸儿！”下令把楚王扔入河中。

张献忠每占领一处领地，不但搜刮官府、豪绅的银两，甚至连百姓的民膏民脂也不放过。相传张献忠占领四川后，当地的土豪劣绅纷纷向城外逃窜，他们把金银财宝装在空竹子里往乡下运。这时，一个在旁边抽旱烟的军官觉得奇怪，说这楠竹都是出产在乡下，过去做生意的人都是把乡下的竹子拉到城里卖，哪有从城里往乡下拉竹子的？事出反常必有妖！想到

图 8
断流施工现场

这儿，军官就拿起烟袋杆对着竹杠敲，这声音听起来就像是里头有东西。正巧赶上张献忠来巡查，军官便上去与张献忠耳语几句，张献忠一听，拔出剑将这竹杠一分为二，金银财宝瞬间散落一地。“敲竹杠”一词就是这么来的，一直流传至今。“敲竹杠”给了张献忠一个提示，说不定他拿木鞘运金银的创意就是从这儿学来的。

张献忠严控财富，部下若私藏金银一两，斩全家；私藏十两，本人剥皮，斩全家。民间传闻，张献忠杀人如麻，还特别立碑明志，上边刻着：“天生万物以养人，人无一物以报天，杀杀杀杀杀杀杀！”这就是有名的“七杀碑”。这些张献忠搜刮来的金银器，很多被熔了，用于铸造钱币、元宝，当然也用于铸造了这虎钮大金印。可惜这虎钮大金印并没有帮助张献忠实现大西政权永远昌顺的意愿，他只当了两年的皇帝就歇了。

财富在人的面前无非一个是聚，一个是散。有权力的人总希望自己既聚人又聚财。但还有一句老话，叫“财聚人散，财散人聚”，这句话出自四书中的《大学》。

2018年，中国国家博物馆和四川博物院都曾举办《江口沉银——四川彭山江口古战场遗址考古成果展》，虎钮“永昌大元帅”金印就摆放在展厅瞩目的位置。据说，彭山江口沉银博物馆的建设工作也已启动，将来张献忠的千船金银都会齐聚那里，吸引大家一睹真容。古物为今人服务，今人发思古之幽情。

054

清乾隆·外洋彩内青花镂空花果纹六方套瓶

首都博物馆藏

故事得从乾隆年间讲起。

乾隆九年的冬天，宫廷里有一件小事。这件小事记录在档案里，如果不是清宫档案里有记载，我们也不会太清楚。什么小事呢？就是乾隆皇帝让造办处给一件瓷器“急速配座”。乾隆皇帝为什么这么着急呢？因为他看见这东西以后，高兴！马上就要摆出来（图 1）。

我们今天买个瓶子回来，往那儿一摆就完了。可皇上讲究啊，瓶子底

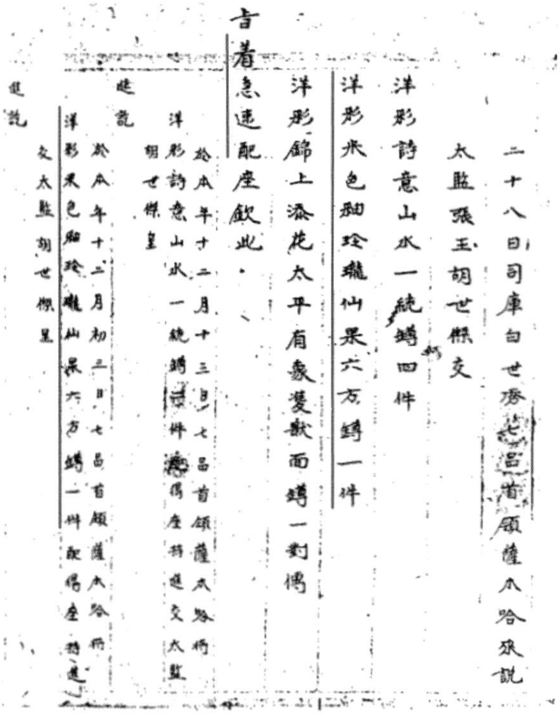
二十八日司庫白世秀七品首領薩木哈來說
太監張玉胡世傑交
洋彩詩意山水一統甁四件
洋彩米色釉玲瓏仙果六方甁一件
洋彩錦上添花太平有象蔑款面甁一對傳
旨着急速配座欽此
於本年十二月十三日七品首領薩木哈將
洋彩詩意山水一統甁一件配得座持進交太監
胡世傑呈
進訖
於本年十二月初二日七品首領薩木哈將
洋彩米色釉玲瓏仙果六方甁一件配得座持進
交太監胡世傑呈
進訖

图 1 乾隆九年十一月清档

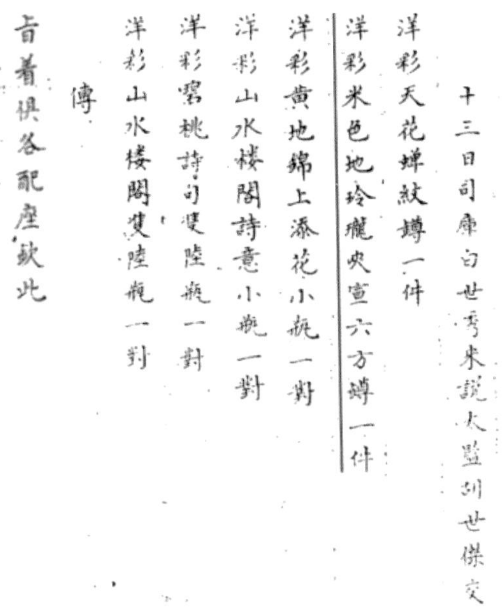
十三日司庫白世秀來說太監胡世傑交
洋彩天花蟬紋罇一件
洋彩米色地玲瓏夾宣六方罇一件
洋彩黄地錦上添花小瓶一對
洋彩山水樓閣詩意小瓶一對
洋彩碧桃詩句雙陸瓶一對
洋彩山水樓閣雙陸瓶一對
傳
旨着俱各配座欽此

图 2 乾隆十年五月清档

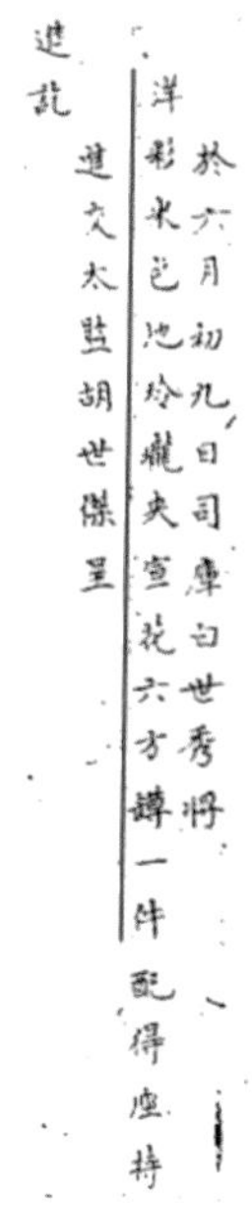
於六月初九日司庫白世秀將
洋彩米色地玲瓏夾宣花六方罇一件配得座持
進交太監胡世傑呈
進訖

图 3 乾隆十年六月清档

下得配有一座，不能那么秃摆着，所以赶紧让造办处配座。这配座的东西叫什么呢？档案里写得很清楚，叫“洋彩米色釉玲珑仙果六方尊一件”，这就是我们这回要讲的国宝。这件东西档案里说得很清楚，洋彩是它的品种，米色釉就是它呈现的颜色。玲珑是什么意思呢？就是透雕，透着的。仙果是纹饰，六方尊是造型。

这件东西的座配了多久呢？造办处连夜加班，五天以后就给配好了，这皇上的圣旨就是好使。

第二年夏天，又出了这么一件东西，又是乾隆皇上让配座。这东西的名字，叫“洋彩米色地玲珑夹宣六方尊一件”（图2）。说的和上面那件多少有点差异，但它们是一类东西。这时候皇上没那么着急了，只下旨说“配座”。结果，这次皇上不急，底下的太监也就不急，所以配了近一个月，才把这座配好（图3）。

图4 阿尔弗雷德·莫里斯
图5 放山居

这两件洋彩瓷瓶很有意思。它们都是当时的督陶官——唐英创新，进贡给皇上赏玩的瓷器。最后这对御用的瓷器，一并被下旨送往圆明园陈设观赏。

这对洋彩瓷瓶，在圆明园搁了多久呢？一共陈设了115年，历经乾隆、嘉庆、道光、咸丰四朝。到了咸丰十年（1860年），英法联军打入北京，火烧圆明园，这对洋彩瓶就不知去向了。

一年以后，1861年，这对瓶子就到了英国的一个地方，这个地方叫“放山居”。放山居的主人叫阿尔弗雷德·莫里斯（Alfred Morrison），是个标准的富二代（图4）。这位富二代有多牛呢？比我们现在的富二代都牛。

他爸爸叫詹姆斯·莫里斯，是19世纪英国纺织业大王，欧洲的首富。阿尔弗雷德继承了父亲留下的庞大遗产后只有一个任务，就是不停地买买买，搞艺术品收藏。经过他的努力，他们家最终被买成了一个博物馆。你看他们家的照片，那就和欧洲各博物馆一样，只不过它不叫“博物馆”，叫“放山居”，名字很中国（图5）。

据记载，他收藏的中国艺术品，几乎全部来自圆明园。原来，1860年，英法联军焚掠圆明园时，当时英国公使埃尔金伯爵的私人秘书洛赫爵士（Lord Loch of Drylaw），将大量的圆明园文物装在若干个大木箱里，用船运回了英国。1861年，轮船抵达英国布里斯托港口，阿尔弗雷德见到洛赫爵士，在得知船上的木箱里都是中国艺术品后，他在没有开箱看货的情况下，当场付钱，买下船上所有的东西，木箱从布里斯托港口直接就运到了放山居。由于阿尔弗雷德是一位专业买东西、收藏的人，所以他很仔细地把所有文物编号归类，每件都贴上了有他们家族字样的标签。

我们再来说这对洋彩瓶。它们究竟是何时散开的？我们不清楚。但清楚的是，在1988年，经香港苏富比拍卖公司拍出过一只，当时被台湾的第一买家——台北鸿禧美术馆竞买收藏。鸿禧美术馆，是由台湾著名实业家张添根先生创办的，它是一家私人博物馆，有“台北小故宫”之称。

第二件洋彩瓶，于十二年以后，也就是2000年，又出现在香港苏富比的春拍图册上。它特别明显，被搁在了封面。拍卖行一般将他们认为最重要的拍品上封面，次重要的拍品上封底。这一期的封底，就是我们熟知的圆明园虎首。关于它的故事，以后另讲。

在拍卖图册里，这件洋彩瓶以单件最多的篇幅——五页图纸来展现介绍，罕见地用中英双语做文字说明，并创意地配上镂空彩页来模仿套瓶的特点，制作极为精良，匠心独运。当时拍卖公司还给它起了个有史以来最长的拍品名称，叫：清乾隆外粉青酱釉地描地金银莲纹粉彩镂空三多瓜果

FINE CHINESE CERAMICS AND WORKS OF ART

HONG KONG · TUESDAY MAY 2, 2000

SOTHEBY'S

639 An important and very rare reticulated 'famille-rose' hexagonal Vase seal mark and period of Qianlong

the superbly potted body of hexagonal section, intricately pierced on the sides with six trapezoidal panels of twisted, fruit-laden branches brilliantly enamelled in the 'famille-rose' palette with delicate shading and pencilled detailing, including peaches, lemons, loquat, finger citrus, pomegranate and berry all growing together with *lingzhi* sprays, reserved on a rich café-au-lait ground decorated in silver and gold with a lotus meander elegantly framing the panels and sprouting large blooms at the angled shoulders, beneath a collar of overlapping pendent *ruyi*-ended leaves outlined in iron-red, the waisted neck with a multi-coloured floral scroll below a border of lotus buds and leaves, and a collar of pendent *ruyi*-shaped lappets at the flared rim reserved on a pale celadon ground extending onto the interior and covering the base, the lipped mouth gilt, with a key-fret border around the footrim, the openwork panels faintly revealing an inner vase of conforming shape painted in cobalt-blue with a continuous lotus scroll

40.6 cm., 16 in.

Estimate upon request

Vases with pierced panels revealing a differently decorated inner core were an innovation of the early Qianlong period, when the Imperial kilns were under the guidance of the ingenious supervisor, Tang Ying, and were only made for a short time. They are technical marvels which required the utmost mastery of the shaping, painting, glazing, firing and enamelling processes in the Imperial manufactories. The Qianlong emperor, who is known to have been fascinated by mechanical toys and technical innovations, was the ideal patron for the development of such devices.

Reticulated vases are known in a variety of forms and designs, but the present piece is a particularly successful examples in this respect: the fanciful feathery Western-style scrollwork painted in silver and gold evokes the carved motifs on the European palaces in the Yuanmingyuan, the old Summer Palace, and their meticulous painting style highlighted through subtle shading accurately reflects the Imperial taste for Western formal ornamentation at that time; yet, the pierced panels, giving the illusion of a view through garden windows partly obscured by fruiting branches, reveal an inner bottle painted in Ming style, thus providing a glimpse of the antique.

Only one other vase is known of this design, the pair to the present piece, sold in these rooms, 18th May, 1988, lot 272, and now in the Chang Foundation, Taiwan, illustrated in James Spencer, *Selected Chinese Ceramics from Han to Qing Dynasties*, Taipei, 1990, pl.163, and in *Sotheby's Hong Kong Twenty Years*, Hong Kong, 1993, pl.297. That vase, which until 1971 belonged to Lord Margadale of Islay at Fonthill House, Tisbury, Wiltshire, can be traced to the collection of Alfred Morrison (1821-1897), and may have been brought directly from the old Summer Palace, Beijing, by Lord Loch of Drylaw, after it was burned down in 1860.

This unusual colour combination of *famille rose* enamels on a *café-au-lait* ground, is found also on a much smaller Qianlong vase without openwork or moveable parts in Taiwan, included in the *Special Exhibition of K'ang-hsi, Yung-cheng and Ch'ien-lung Porcelain Ware from the Ch'ing Dynasty in the National Palace Museum*, Taipei, 1986, cat.no.121

639 (mark)

639 (details)

图6 2000年 香港苏富比春拍图录

图 7 清乾隆 霁蓝描金粉彩游鱼纹转心瓶
台北故宫博物院藏

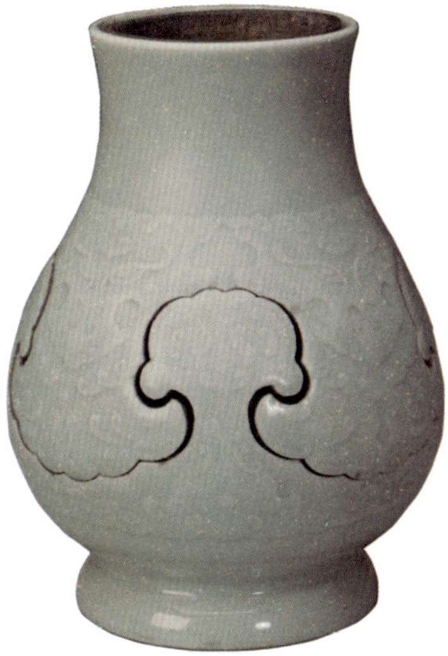

图 8 清乾隆 粉青釉暗花夔龙纹交泰瓶
故宫博物院藏

内心绘青花缠枝花卉纹六角套瓶，足足 34 个字，可见拍卖行对它的重视程度（图 6）。

为什么这么重视呢？因为它是国宝。怎么这么说呢？首先，它来自圆明园，是督陶官唐英为了哄乾隆皇上高兴，精心烧造进贡的。当初给它配个座都是乾隆皇帝亲自下旨；其次，这种套瓶很难烧造，历史上这样的洋彩套瓶目前知道的就这两件，稀少珍贵。

什么是套瓶？我们知道，大部分瓷瓶就是单纯的一个瓶子，可以往里装水，干什么都行。乾隆时期，由于乾隆皇帝好大喜功，又由于唐英长时间在景德镇督陶，对陶瓷工艺十分熟悉，所以他创新很多品种。特别是在陈设瓷上，有多个品种创新，如转心瓶，可以转动，通过外面的开窗可以看到里面的变动（图 7）；如交泰瓶，这瓶子拿的时候你特别害怕，它噼

图 9 南宋 官窑青釉镂空套瓶
南宋官窑博物馆藏

图 10 清乾隆 外洋彩内青花镂空花果纹六方套瓶
首都博物馆藏

里啪啦地晃动，但你又打不开，上下交泰咬合（图8）。两岸故宫有这类瓷器，但是很少。再有就是这回讲的套瓶，它是通过外面瓶身上的窗看到里面的瓶，但里外不能转动。这种瓶子最大的麻烦，就是清理的时候特别费劲，里面的瓶子够不着也打不开，就是为了好看。

这几种瓷器，都是完全为了陈设用的，显示出高超的制瓷技巧。其实，这类陶瓷工艺在乾隆以前也有，比如镂空的做法，宋代就有了（图9）。它虽不是乾隆时期独创的，却是被唐英发扬光大的。这种瓷器烧造的时候特别难，特别容易破损，所以当时烧造的数量也很少，有幸的是这两件洋彩套瓶都完好地保存至今（图10）。

这件套瓶要被拍卖，就有明白人知道它的重要性。大部分人买艺术品，要么图好看，要么为了投资。但很多专业人士只说文物本身的重要性，看适不适合为公众服务。这件洋彩套瓶，显然是乾隆时期工艺水准最高的瓷器，很适合博物馆收藏。所以当时国内就有人想偷偷地把它买回来，不声张。这人是谁呢？他叫秦公，当时是北京市文物公司总经理，还兼着北京瀚海

图11 秦公先生

拍卖公司的总经理（图11）。当他得知拍卖消息的时候已经比较晚了，离开拍没剩几天。他心想一定要把这件瓷器买回来，但钱是个问题。

那时候，北京市文物公司没有外汇指标，要买这样的东西就得向北京市文物局打报告，文物局再向外汇局打报告，得到北京市政府批准后，才能把这件瓷器买到手，这个过程很漫长。于是秦公先生自己跑到北京市文物局，开始一层层汇报走流程。最后政府同意购买，并给了一个出价的数额空间。这个空间是多少钱，当时是绝密的。

国家买东西，和私人买东西有点不一样，不够灵活。先要开会商定价钱，当时流程走完后，离开拍就没时间了。拍卖前的那个半夜，凌晨三点，秦公先生给我打电话。要是搁今天，他打也是白打，我现在睡觉，电话都是静音的，听不见。过去是往家里打电话，声音特别大，我立刻就被吵醒了。接起电话，我就问他，说这大半夜的，咱有什么事不能明天再说吗？我这会儿困得不行。他说真不行，来不及啦，你现在就打车过来！于是夜里三点钟我只好起床，打一车就过去了，进他办公室大概都三点半了。他把苏富比的拍卖图录给我看，指着封面和我说，咱把这东西买回来！我说你有多少钱啊？他说，钱你甭管，咱就想方法把它买了！我说那就买呗！他说今儿就开拍，咱们现在往香港赶是来不及的，你那边有没有人能代为举牌呢？我说人随时都有，没问题！

那时候有一个好处，拍卖有信誉的人不需要押金。要是现在，你要办上押金，那这时间就不够了，肯定来不及。拍卖是那天下午两点开始，开拍后我们就拨通了朋友的电话，开始听前面拍品的情况。当时有个问题，通讯没现在这么发达，那时候都是老手机，特别容易断线，而一断线再拨号，速度特别慢，当时我们心说可千万别断线啊。现在回想，这事过去快二十年了。那天，我和秦公先生坐在办公室里，前线的朋友在电话里不停地汇报拍卖情况，到这件拍品时，现场竞争得特别激烈。我们今天已经习惯拍场上频频创高价，甚至过亿也没什么新鲜的，但是在二十年前，大部分中国人在拍卖场上都非常不适应。当我们举到1900万时，终于没人再举牌出价了，哐当一声，落槌！

其实，当时还发生了一个小意外。一落槌，现场买的人一高兴，就把手里的电话掐了。到底买没买到，现场的人并没和我们最终确认。我和秦公不知道啊，秦公就问我，说到底买到没有？我说我哪知道啊，咱俩现在是一个问题，到底买没买到啊？没辙，赶紧电话再往回拨，电话拨起来特别慢，费半天劲才打通。打通以后，朋友说，买到了！等确认买到了，我们才高兴地长出一口气。这时候秦公和我说，这连一半钱都没花到，咱准备了4000万。

谁知，在成功竞买后，社会上就开始出现各种各样的声音。有人说这东西不是真的，有人说这东西不值，买贵了，还有人说大陆是拿不出这个钱的，各种说法都有。后来各路媒体就开始报道、做节目，我还为此上了央视新闻，说了这件瓶子。我说这件瓶子没问题，只不过我们之前没有见过类似的，它是一个登峰造极的时代烧造出来的一个登峰造极的作品。这瓶子为什么有点争议呢？是因为存世量太少，大部分人没见过。当时和今天不一样，社会上的人对这类东西都没有鉴别能力，不知新老，所以有杂音很正常。

可惜啊，秦公先生在瓷瓶成功竞拍后的第八天，心脏病突发，病逝在工作岗位上，没能看见这件国宝回来。他的逝世，为这件国宝的回归蒙上了一层悲壮的色彩。现在回想，秦公先生当时的身体已经有问题了，脸是挂相的。他是一个为工作严重透支身体的人，每次找我都是半夜，半夜里他经常还在工作。他还特别爱抽烟，晚上抽烟，弄得一地烟屁股，烟灰缸都搁不下。后来我们回想起来他去世的前一天晚上有两个细节。第一，他没怎么抽烟，大概只点了两三根。还有个，我们想起来就心痛，头天晚上他吃鸡蛋，刚剥开，鸡蛋就掉地上了，他就说不吃了。隔了一会儿说再吃一个吧，又剥开一个，又掉在地上。那时手已经拿不稳鸡蛋了。

他走的那天，我半夜回去以后一大早又返回来和他一起开会，审核瀚海上拍的拍品，我帮着他们一起筛掉很多不能上拍的。其中一件，我说这个不能拍。有人就问，什么原因不能拍呢？我说东西是日本的。秦公先生竖着拇指说：高手！然后“哐当”一声，倒在桌子上。我赶紧喊，打 120，打 120！但最终也没能把他抢救回来。他是当着我的面走的，所以特别恐怖。我们人生面对这种事情的时候，全是束手无策的。

我曾为他写过悼文。我开篇就写：“秦公耳聋，凡不便立即作答的事情他立刻就聋了。不知他的左耳听力优于右耳，还是劣于右耳，他常把左手罩在左耳上，侧首倾听。与秦公熟识的人都会知晓他这个经典动作。”他走的时候才 57 岁，那一年我 45 岁，正值壮年，此时分手，悲痛万分。我在悼文的最后写道：“秦公走得忒急了，我一想起他就是侧耳倾听之貌。也不知他是在听还是在想。他耳聋，熟悉者皆知；但不知的是，聪者听于无声，明者见于无形。”

秦公先生走后六年，2006 年 6 月 10 日，我国第一个文化遗产日，为了让更多的人一睹这件国宝的风采，北京市文物公司决定将这六方套瓶无偿捐献给首都博物馆，首都博物馆还特别举办了“情系国宝”的展览。展览上，这件清乾隆外洋彩内青花镂空花果纹六方套瓶，作为明星，摆在正中。

参考书目

1. 《郢靖王墓》，湖北省文物考古研究所、荆门市博物馆、钟祥市博物馆，文物出版社，2016 年出版。

2. 《晚清“四大国宝”之大盂鼎》，谢耀亭，《山西档案》，2012 年第 1 期。

3. 《“宝属”护国宝——大克鼎、大盂鼎传奇》，杨曙明，《中国文物报》，2018 年 8 月 21 日第 005 版。

4. 《马王堆汉墓的历史文化价值》，喻燕姣，《文物天地》，2017 年 12 期。

5. 《沉沦母爱垒起“心狱”》，阿莲，《检察风云》，2009 年 23 期。

6. *SONG DYNASTY CERAMICS*， Rose KEER， V&A Publications， London， 2004。

7. 《国宝失窃案》，中央电视台社会与法频道《一线》栏目，20121201。

8. 《徐谓礼文书为何能在南方潮湿之地完整保存 800 余年》，童俊伟、王健、胡国洪，金华新闻网，2012 年 09 月 14 日。

9. 『平家物語』，作者不明，初版约 13 世纪初，角川ソフィア文库，2001 年。

10. 『角倉了以とその子』，林屋辰三郎，星野书店，1944 年。

11. 『蝎蝗絆茶瓯記』，伊藤东涯，1727 年。

12. 《安思远藏善本碑帖选》，文物出版社，1996 年 8 月初版。

13. 《聊天室实录：“单国霖与您共品〈淳化阁帖〉”》，上海博物馆官网。

14. 《我所认识的安思远》，王立梅，《上海文博论丛》，2014 年 03 期。

15. 《都嘟（第 2 季）》，马未都，新星出版社，2016 年 1 月。

16. 《国宝归来！淳化阁帖回国十五年后，曾轰动中国的〈安思远珍藏善本碑帖〉都回来了》，公众号“展玩”，2003 年 10 月 23 日发布。

17. 《洪山庙仰韶彩陶图略考》，赵春青，《中原文物》，1998 年 01 期。

18. 《河南临汝仰韶陶缸彩绘图象考略》，马世之，《中州学刊》，1984 年 06 期。

19. 《〈鹳鱼石斧图〉图像研究》，黄冉，江苏大学硕士学位论文，2016-06-12。

20. 《我国最早的陶画——“鹳鱼石斧图”鉴赏》，汤丽萍，《文物鉴定与鉴赏》，2010年09期。

21. 《红山文化猪龙、凤鸟图腾崇拜原因探析》，吕富华、杨福瑞，《赤峰学院学报（汉文哲学社会科学版）》，2014年04期。

22. 《简析红山文化“C”形龙构型形式的文化内涵》，王璐妮盟，《北方文学（下半月）》2012年07期。

23. 《关于红山文化玉雕龙造型的考证——兼谈中国人不是“猪”的传人》，薛志强，《辽宁师范大学学报（社会科学版）》，2007年05期。

24. 《史前龙型探究》，张书洋，中央民族大学，2012年4月1日。

25. 《红山文化“玉猪龙”原型新考》，崔天兴，《北方文物》，2016年03期。

26. 《故宫博物院藏红山文化动物形玉及人形玉研究（上）》，徐琳，《荣宝斋》，2012年04期。

27. 《红山古玉的发现及“C”形龙的演变》，柳冬青、侯彦成，《艺术市场》，2003年09期。

28. 《正仓院及其藏品浅析》，纪伟，《装饰》，2003年。

29. 《五弦琵琶源流考及其兴衰史》，李雁，《江西科技师范学院学报》，2011年。

30. 《古代文献中的唐代五弦琵琶》，徐蕊，《歌海》，2016年。

31. 《正仓院》，韩昇，上海人民出版社，2007年。

32. 《遣唐使和留学僧》，韩昇，中华书局，2010年。

33. 《唐物的历史》，河天房江、汪勃，商务印书馆，2018年。

34. 《盛世遗珍——西安南郊何家村唐代窖藏金银器》，谭前学，华夏文化，2002年。

35. 《鎏金舞马衔杯纹银壶与唐代舞马》，张雷，《上海文博论丛》，2005年。

36. 《舞马：中国古代文学中的盛装舞步》，王章雅，《东方收藏》，2016年。

37. 《花舞大唐春：何家村遗宝精粹》，齐东方、申春燕，文物出版社，2005年。

38. 《中国现存利玛窦世界地图的研究》，曹婉如、薄树人、郑锡煌等，《文物》，1983年。

39. 《利玛窦与坤舆万国全图》，杨泽忠、周海银，《历史教学》，2004年。

40. 《“记里鼓车”之相关问题研究》，李卉卉，《史林》，2005年。

41. 《从记里鼓车到里程表、测速仪》，王福星，《中学物理教学参考》，2012 年。

42. 《利玛窦〈坤舆万国全图〉对国人世界观的冲击》，李敏杰、朱薇，《苏州科技学院学报（社会科学版）》，2013 年。

43. 《中国古代世界地图主要成就与特色初探》,梁启章、齐清文、梁迅,《地理学报》,2015 年。

44. 《从饮茶风尚看法门寺等地出土的唐代金银茶具》，韩伟，《文物》，1988 年，44-56。

45. 《试论法门寺出土的唐代文物与“衣物帐”》，气贺泽保规、王维坤，《文博》，1996 年。

46. 《陆羽〈茶经〉的历史影响与意义》，沈冬梅，《形象史学研究》，2012 年。

47. 《消费的绅士化：唐代饮茶文化的形成》，舒萍、孙晟，《广西民族大学学报（哲学社会科学版）》，2016 年。

48. 《中国禅茶文化的渊源与流变》,李海杰,陕西师范大学硕士学位论文,2007 年。

49. 《茶的真实历史》，梅维恒、郝也麟，生活·读书·新知三联书店，2018 年。

50. 《对话与冲突——1792-1843 年的中英关系》,李晓杰,《紫禁城》,2007 年 3 期。

51. *Imperial Box mark and reign of Qianlong*， 1736-1795， RCIN 26025， The Royal Collection Trust.

52. *Chinese And Japanese Works of Art in the Collection of Her Majesty The Queen*， Volume III， John Ayers， Royal Collection Trust， 2016.

53. 《嘉靖漆器的道教色彩》，陈丽华，《紫禁城》，1998 年 1 期。

54. 《故宫经典·故宫漆器图典》，故宫博物院编，陈丽华主编，故宫出版社，2012 年 1 月。

55. 《丹漆随梦：中国古代漆器艺术》，裘琤，中国书店，2012 年 10 月。

56. 《明代漆器的时代特征及重要成就》，李久芳，《故宫博物院院刊》，1992 年 3 期。

57. 《花舞大唐春》，齐东方、申秦雁主编，文物出版社，2003 年。

58. *A WORLD HISTORY OF ART*， Fleming John， Laurence King， London， 2009.

59. 《一件明代凤冠背后的故事》，仇泰格，《紫禁城》，2018 年 06 期。

60. 《万历十五年》，黄仁宇，三联书店出版，2014年4月。

61. 《珠翠光华——中国首饰图史》，黄能馥、苏婷婷，中华书局，2010年7月1日。

62. 《三星堆出土文物全记录》，四川省文物考古研究院、四川三星堆博物馆、三星堆研究院编，天地出版社，2009年9月1日。

63. 《蜀王本纪》，出自《壁经堂丛书》子目2，民国十一年刻本。

64. 《蜀中名胜记》，（明）曹学佺，重庆出版社，1984年10月。

65. 《礼记》，（西汉）戴圣编，北京联合出版公司，2015年。

66. 《神秘的古蜀王国——三星堆·金沙文物珍宝》，深圳博物馆、四川广汉三星堆博物馆、成都金沙遗址博物馆，文物出版社，2009年4月。

67. 《国宝迷踪12：神秘的太阳神鸟》，《百家讲坛》20170907期。

68. 《华阳国志校注》，（晋）常璩撰、刘琳校注，巴蜀书社，1984年7月。

69. 《太阳神鸟讲解词》，成都金沙遗址博物馆官网藏品介绍、成都金沙遗址博物馆官方公众号，魏一林、杨洲尧、刘科语音讲解词。

70. 《从考古发掘结果看巴、蜀人性格特征的不同》，董耀辉，新浪博客文章，2011-01-20。

71. 《北京团城渎山大玉海清工修琢辨》，杨伯达，《收藏家》，1995年第10期。

72. 《忽必烈薛禅汗玉瓮考述》，却拉布吉，《西北民族研究》，2005年第3期。

73. 《北京团城内渎山大玉海考》，周南泉、王名时，《文物》1980年第4期。

74. 《杭州雷峰塔五代地宫发掘简报》，黎毓馨，《文物》，2002年第5期。

75. 《浙江省博物馆藏五代吴越国阿育王塔》，何秋雨，《收藏家》，2011年第3期。

76. 《圣祖仁皇帝·庭训格言》，初版雍正八年（1730），中州古籍出版社，2015年1月。

77. 《景德镇陶录》，蓝浦，初版嘉庆二十年（1815），异经堂刻本。

78. 《中国陶瓷史》，中国硅酸盐学会编，文物出版社，2011年（初版1982年）。

79. 《张诚日记(1689年6月13日～1960年5月7日)》，Jean-Frannois Gerbillon(张诚)著、陈霞飞译、陈泽宪校，商务印书馆出版，1973年。

80. 『清代康熙朝における釉上彩の発展』，毛嘉琪，京都女子大学大学院，2017年。

81. 《道不尽的古代名画〈韩熙载夜宴图〉》，周安庆，《收藏家》，2017 年 09 期。

82. 《韩熙载夜宴图》，蒙曼、南希·白玲安、余辉、陈丹青、杨德树、韦陀，《紫禁城》，2006 年 Z2 期。

83. 《“永昌大元帅印”考》，李飞，《四川文物》，2018 年第 3 期。

84. 《“张献忠沉银”盗掘案始末》，蒋麟，《文物天地》，2017 年第 1 期。

85. 《江口沉银数百年，宝藏出水叹惊奇》，怡乐，《中国拍卖》，2018 年第 09 期。

图书在版编目（CIP）数据

国宝100. 第二卷 / 马未都编著 .— 武汉：长江文艺出版社，2020.8（2021.2 重印）

ISBN 978-7-5702-1336-8

I. ①国… II. ①马… III. ①文物 - 介绍 - 中国 IV. ① K87

中国版本图书馆 CIP 数据核字 (2019) 第 252214 号

国宝 100. 第二卷

马未都 编著

选题产品策划生产机构 | 北京长江新世纪文化传媒有限公司
总 策 划 | 金丽红 黎 波
责任编辑 | 王赛男　封面设计 | 郭 璐　媒体运营 | 刘 冲 刘 峥 洪振宇
法律顾问 | 梁 飞　内文制作 | 张景莹　责任印制 | 张志杰 王会利
版权代理 | 何 红　新媒体运维 | 高 梦
封面摄影 | Photolomo · 約拍館
总 发 行 | 北京长江新世纪文化传媒有限公司
电 话 | 010-58678881　传 真 | 010-58677346
地 址 | 北京市朝阳区曙光西里甲 6 号时间国际大厦 A 座 1905 室　邮 编 | 100028

出 版 | 长江出版传媒 | 长江文艺出版社
地 址 | 湖北省武汉市雄楚大街 268 号湖北出版文化城 B 座 9-11 楼　邮 编 | 430070
印 刷 | 天津盛辉印刷有限公司
开 本 | 710 毫米 ×1000 毫米 1/16　印 张 | 18.5
版 次 | 2020 年 8 月第 1 版　印 次 | 2021 年 2 月第 2 次印刷
字 数 | 237 千字
定 价 | 68.00 元